U0857235

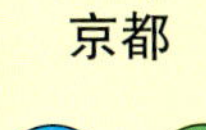

22岁以前

日本

京都

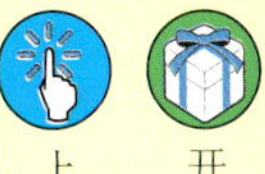

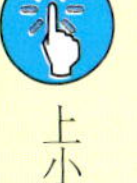
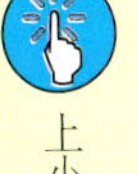

上小学时，舍命在美军基地内抓捕独角仙，差点被美军射中

开始有了到美国、到世界探险的想法

中国

广州

第一次到中国，参加广交会，做成人生第一单生意

『不管怎样都要带一两单生意回去！』每天只睡3小时，带回5吨钨的买卖

乌兹别克斯坦

塔什干

和世界最强谈判高手粟特人初次交锋

在『YES』占主导的氛围中，我拼尽全力说出了『NO』

30年后，你的身价是多少

[日] 中村繁夫◎著

马丽◎译

湖南文艺出版社
HUNAN LITERATURE AND ART PUBLISHING HOUSE
博集天卷
CS-BOOKY

图书在版编目（CIP）数据

30年后，你的身价是多少 /（日）中村繁夫著；马丽译.—长沙：湖南文艺出版社，2011.9
ISBN 978-7-5404-5067-0

Ⅰ.①3… Ⅱ.①中… ②马… Ⅲ.①中村繁夫—生平事迹 Ⅳ.①K825.38

中国版本图书馆CIP数据核字（2011）第150885号

著作权合同登记号：图字18-2010-240

上架建议：励志·成功学

30年后，你的身价是多少

作　　者：（日）中村繁夫
译　　者：马　丽
出 版 人：刘清华
责任编辑：易　见
监　　制：刘　丹
特约编辑：王　蕾
版权支持：李彩萍
漫画作者：李甘夏
版式设计：利　锐
封面设计：平　平
出版发行：湖南文艺出版社
（长沙市雨花区东二环一段508号　邮编：410014）
网　　址：www.hnwy.net
印　　刷：北京市兆成印刷有限责任公司
经　　销：新华书店
开　　本：880×1230　1/32
字　　数：60千字
印　　张：6.5
版　　次：2011年9月第1版
印　　次：2011年9月第1次印刷
书　　号：ISBN 978-7-5404-5067-0
定　　价：26.00元
（若有质量问题，请致电质量监督电话：010-84409925）

目 录 | Contents

序 言 | Preface

看我这个“放浪啃老族”，如何变身年入340亿社长！

◇ 以“藏宝山”为目标，旅程4000公里

2007年夏天，我向中亚的吉尔吉斯斯坦进发了。

这次的旅行，可谓赌上性命的大决战。

下了飞机，坐上四轮驱动车，去寻找尚未谋面的藏宝山，4000公里的旅行开始了。

从哈萨克斯坦的大城市阿拉木图驶向天山山脉的北侧，直奔吉尔吉斯斯坦最大的矿山所在地卡达姆扎依。

吉尔吉斯斯坦曾经有望被看做稀有金属的进口地。

但数年前，发生了从事矿山开发的日本技术人员被游击队袭击的事件。虽然人质最后都平安回来了，却因此中断了所有的项目，直到今天，外务省依然把吉尔吉斯斯坦指定为“危险地带”。

不过，吉尔吉斯斯坦却是稀有金属资源的宝库。国土虽然大约只有日本的一半大小，却埋藏着曾经支撑过苏联巨大军事产业的稀有金属。锑的储量居世界第4位，钨居世界第7位，钼居世界第10位。

这次，我瞄准的目标，是稀有金属“锑”。

混合了锑的塑料非常抗燃烧，因此现在被广泛应用于所有的家电产品，但由于锑的供给量不足，近年来价格一直呈上涨趋势。

◇ 和游击队谈判，买断稀有金属

距离目的地还有1000公里。车子驶进一个名叫塔修寇姆鲁的城镇时发生了一件事。

有某样东西跃入了我的视野。

“什么呀？那个是……”

我看到了仿佛工厂遗址般的东西。

“欸，顺便到那边去看看。”

进到里面，我吃了一惊。

这是曾经制造军用半导体的工厂，而且至今还在零零碎碎地开工作业。

我在工厂的角落里还发现了一样东西。那是在半导体上不可缺少的polycrystal silicone（多晶体硅酮），是由稀有金属制作出来的产物。

“这可是钱呀！”

我立刻和工厂的负责人进行了商务洽谈。

这是计划外的游击谈判！

“我想买下这里所有的polycrystal silicone。”

莫非在吉尔吉斯斯坦的山里埋藏着高品质的硅，竟然谁也没注意到？这是走访现场才能了解到的情况。

我立刻与对方签订了临时合同。

在去往目的地的途中搞定了计划外的大生意，吉尔吉斯斯坦确实是块宝地呀！

◇ 以“现场、现物、现实”的谈判，获取宝藏！

然后，跑完了4000公里，才终于看到了目的地。

卡达姆扎依生锈的工厂周围耸立着锑矿矿山。

工厂的鼎盛时期是在20世纪70年代。之后，随着苏联的解体，工厂断绝了资金来源，就算有矿石也不能开采的状态一直持续着。

“吉尔吉斯斯坦有日本完全没有的稀有金属。另一方面，日本有吉尔吉斯斯坦开采资源必需的技术和资金。日本和吉尔吉斯斯坦的国家利益是紧密相连、互补互助的。”

我决定自己去亲眼确认采掘矿石的现场。

以自己亲眼所见为准来作决定。生意就是“现场、现物、现实”的谈判。

通往地下采掘现场的电梯，现在似乎也要崩塌陷落了。

伴随着金属互相摩擦发出的钝音，电梯开始向地下运行。

地上的温度是30度，但随着向地下的深入，渐渐有丝丝凉意袭来。

大约过了15分钟，电梯停了下来。

是地下810米的地方了。

从这里开始，横着的坑道延伸出去。

给我带路的工厂厂长说：“采掘现场，必须要走将近1小时，您要走吗？”

“当然呀！不亲眼看到实物，什么都没办法开始。请带路吧！”

靠着灯光的照明，顺着只容人擦身而过的坑道走下去。为了预防塌方，坑道的天井处处都做了加固处理。

走了近1小时的时候，便看到前方隐约出现了淡淡的蓝光。

这就是采掘现场！

作业人员只有一个人，把矿石刮削下来。

我接过矿石一看，结晶闪闪散发着光彩。

“太棒了！我找到宝藏了！”

终于，大宗生意的谈判要开始了。

坐在圆桌前的厂长重新让我看了锑矿石的结晶，说是一年可以开采3000吨，工厂方面对品质有着绝对的自信。

“首先，我认为样品是必需的。”

“大批量的交易会比较便宜，只是样品的话我们没办法便宜卖。”

“样品检验所需花费的成本极高，我方也是必须作出一定牺牲的，所以还是先购买样品吧，如果品质好的话，我方会以每月100吨的量来购买。”

顽强的谈判一直持续着，最终对方选择了让步，按照我提出的金额决定了售价。

在样品品质没有问题的前提下，我们签订了每月100吨、3000万日元的合约。同时，也签订了垄断这个工厂产品的经营总代理合约。

不过，旅行还没有结束。此后我越过国境进入了哈萨克斯坦，途经阿拉木图，进入中国，继续另一段旅程。在流浪之旅的目的地，宝贝们应该正在等着我。

◇ 从22岁开始的“放浪啃老族”人生

我是个“放浪啃老族”。

所谓的“放浪啃老族”，就是不会一直在一个地方停留，这和“宅居啃老族”是有区别的，是在世界各地四处漂泊的啃老族。

22岁的时候，我开始了海外流浪之旅。这个时候的我几乎身无分文。

以巴西为中心，我周游了35个国家，最后到达印度的时候，身上的行李便只剩下了一个头陀袋[1]，真像个流浪汉了。

进入商社工作之后，我也依然继续着我的浪迹世界之旅。

以稀有金属资源为中心进行开发，中国、俄罗斯、加拿大、中亚、南美、非洲、大洋洲等国家和地区，我奔走于世界各地。

之后，54岁的时候我被公司炒了鱿鱼。

54岁的老男人重新找工作的话，会有什么样的工作等着我呢？看大门儿的？清扫方面的？年收入就按最高的比例估算，也不到现在的一半吧。

我要挑战败者复活战，我想我必须生存下去。

我打算靠稀有金属走运发财，于是在日本创立了第一家稀有金

[1] 头陀袋：僧侣乞食、托钵时用的袋子。

属专营商社。

然后，我现在依然继续游走在世界各地，寻找藏宝山。

至今，我已经造访了90个国家。在各地收购稀有金属，也为稀有金属市场的繁荣出了些力，公司也茁壮成长起来了。

年销售额，第一年是79亿日元，第二年是135亿日元，第三年是270亿日元，然后在第四年达到了340亿日元，固定收益达到9亿日元。

“放浪啃老族”变身成了年销售额340亿日元的社长！

“啃老族”原本指的是“不升学、不就业、不进修或不参加就业辅导的年轻人”（Not Currently Engaged in Employment, Education or Training）。

不过，现在的“啃老族”大都受过充分的教育。所以，我认为现在的“啃老族”应该定位为：“不就业、不参加就业辅导、缺乏同理心的年轻人”（Not Currently Engaged in Employment, Empathy or Training）。

不足之处并非他们受教育不足，而是对他人缺乏同理心。因为缺乏同理心，所以对任何事情都缺乏热情，结果就是变成“不就业、不参加就业辅导、不懂得努力的年轻人”（Not Currently Engaged in Employment, Effort or Training）。

我过去也曾经是“不就业、不参加就业辅导、缺乏同理心的年轻人”，是“受过高等教育，却没有自觉意识，不懂得努力的年轻人”。

大学毕业了，却没有作好立刻进入社会的心理准备，想先稍微轻松一阵子，希望辛劳的日子尽量迟一些到来。然后，在某一天，就把“放浪啃老族”的生活作为了自己的目标。

说老实话，不过是跑到国外去逃避。就算晚一点也好，为了让自己晚一些参与到社会中去，我选择了“放浪啃老族”这条路。

不过，这个选择成了我意识转变的起点。

令人感到吃惊的是，那个时候的经验已经融入到我如今的血肉之中，在“3‰”的世界中寻找藏宝山，或与身经百战的商务人士谈判并拥有胜过他们的能力。

总之，“放浪啃老族”变身为年销售额340亿日元的社长绝非偶然，正因为我是“放浪啃老族”，才能成为年销售额340亿日元的社长。

有了“放浪啃老族”的经验，思考方式就会改变。

就我自身来说，最初无论看到什么都感觉“没什么大不了”，但在世界各地旅行期间，我切实地感受到“人类的同情”和“从自然中学习到的感动”正在改变着我。

看到从未见过的地方的快乐、美味的饮食、遇到新朋友的愉悦、发现自己意想不到的另一面时的感动、和过去诀别的快感、从自卑感中解放出来的轻松等，我感受到了各种惊喜和快乐，越来越自发地寻求新的探险。

其结果就是，我拥有了发现藏宝山的洞察力、跑到地球另一端的行动力、谈判时灵活机动考虑事情的能力等。

以自由的想法感受未知世界、共鸣、拥有激情，还有从外部环境观察日本等都能够磨砺出我丰富的感性。我变得可以觉察掌握各种情况，所以生意也做得风生水起、财源不断。这比什么都快乐。

“放浪啃老族”也能拥有快乐百倍的人生。

看了我的生活方式，如果你能有“还有这么有趣的老头儿吗”“我也想尝试去流浪”的想法，那就没有什么比这个更令我开心的了。

中村繁夫

2009年9月

Chapter 1 第一章

手握命运之门的钥匙，向30年后出发

我站在岐路上选择了充满艰辛的那一条。

如果有分岔路口的话，选择踏入比较艰难的那条路会更好。这是我在“放浪啃老族”时期学到的智慧。

苦心寻觅地下沉睡着的宝藏

◇ 从市场上销声匿迹的稀有金属

中国一直以来都出口稀有金属，但由于国内高科技产业增长，已转为国内消费了。

于是，中国限制出口稀有金属。

稀有金属在市场上价格屡创新高。

我的公司，是日本进口稀有金属最多的公司。

稀有金属，就是产量极低的“稀少金属”的总称。出产地偏向于中国、俄罗斯、南非、中亚等国家和地区。

稀有金属，对于日本的制造业是必不可少的存在。混合动力车和各种高新技术产品，缺少稀有金属的话都是无法制作的。

例如，手机能变得轻薄小巧，就是拜稀有金属所赐。

手机在会议模式下的振动，缺少不了名为“钨”的稀有金属。钨的重量是铁的2.5倍。

超小型电动机前端镶嵌的钨制小锤转动时，就引发了会议模式下的振动。如果用铁代替钨的话，那就必须用大块的铁，相应的手机也必然会增大。

手机机身要用到“锑”，麦克风扬声器要用到“钕”，电池要用到“钴”，电容器要用到“钽”，照这种情形，一个手机就要用到10种以上的稀有金属。

超薄电视的面板要用到“铟”。电视画面上有忽闪忽闪的细小发光点，制作能够透过这种电器的透明薄膜，“钕”就是不可缺少的。

汽车制造也离不开稀有金属。车身如果使用“铌”的话，流线型加工就会变得非常容易。另外，“钕”也是混合动力车中不可缺少的原料。如果没有“钕”的话，丰田的普锐斯和本田的INSIGHT都无法制作。

日本生产大多数的最尖端产品，消费世界上近一半的稀有金属，是世界上最大的稀有金属消费国。

但是，日本却没有稀有金属。

日本尽管在电子材料技术上拥有超群的实力，但作为原料的贵

稀有金属的用途很广泛，是制造手机、电视、汽车必不可少的原材料。

重稀有金属资源都来自国外，特别是依赖中国。

中国一直以来都出口稀有金属，但由于国内高科技产业增长，已转为国内消费了。

于是，中国限制出口稀有金属，并转而开始进口。

中国的金属厂家、相关企业为了确保稀有金属资源，开始在世界范围内频繁动作起来。在非洲建设冶炼工厂，参与南美矿山开发、注入资本。

但这些年，稀有金属在市场上价格屡创新高。

◇ 寻觅“3‰”，直到世界尽头

矿山开采被称为“3‰的世界”，成功率极低。一面寻找资金赞助和客户，把风险降到最低，一面赌上性命决一胜负。在这种情况下还能体味到浪漫的人，是真正的寻矿师。

我在世界范围内探索稀有金属矿石，是在山中找矿收购的寻矿师。

为了保住产业立国的日本的地位，“现代山中寻矿师”站起来了。

“寻矿师”这个词在词典里的解释是“发掘矿山，发现、鉴定矿脉的人”。

但是，矿山开采是个大型的赌博。

矿山开采被称为“3‰的世界”，成功率极低。一面寻找资金赞助和客户，把风险降到最低，一面赌上性命决一胜负。在这种情况下还能体味到浪漫的人，是真正的寻矿师。

2004年1月，我启动了日本最早的专营稀有金属的商社Advanced Material Japan（以下简称AMJ）。

“就以稀有金属开始一番作为吧！”带着这种想法，至今我仍采用独特的方法为日本提供稀有金属。

一个是飞奔进中国企业的怀抱，确保稀有金属来源。

另一个是开拓新的进货渠道。

稀有金属，除了中国以外，也散落在世界的各个角落。我就在那样的地方流浪，开发矿山。

例如，具有仅次于钻石的硬度及耐热性，被称为“钨”的稀有金属，被广泛运用于工作机械的刀刃上。如果使用它的话，几乎所有的金属都可以被轻松地切割。

对汽车制造来说，钨制的钻头钻刃是不可缺少的。没有钨的话，就算可称为世界第一汽车大国的日本也无法制造出汽车来。

现在，世界上90%的钨被中国掌握着。钨资源的枯竭，以及供给的不稳定都与中国的资源政策紧密相关。

日本国内进口的30%以上的钨都是由AMJ处理的。

日本的稀有金属大多从中国进口，但稀有金属价格居高不下，贸易商为了进货也陷入了恶性争夺之中。

◇ 向地下前进150米，发现蓝色钻石！

“在俄罗斯矿山深深的地下，埋藏着世人梦寐以求的宝藏呀！”俄罗斯作为生意伙伴，在今后是最有发展前景的国家。

“就算依赖中国也已经是极限了！”

我感觉到从中国进口稀有金属已经到了极限，于是考虑从其他国家进口。

目标是俄罗斯的最东面，在沿海地带有普里莫尔斯克矿山。掌握矿山本身是我的目的。

至此，日本商社都知道谁有矿山就向谁买矿石，几乎从来没有自己要拥有矿山的想法。

“在俄罗斯矿山深深的地下，埋藏着世人梦寐以求的宝藏呀！”

俄罗斯作为生意伙伴，在今后是最有发展前景的国家。

国土的20%尚未开发，据说有数亿吨的钨长眠在地下。无论如何，我想掌握这座山。

我在俄罗斯一处矿山的坑道中发现稀有金属“钨”。

去到当地，电梯延伸入地下的采掘现场。

进入地下长150米的坑道。在漆黑泥泞的坑道中只能依靠怀里的手电筒前进。

“这很棒吧！”

坑道的外墙一碰上紫外线，就像银河一样浮现出无数纤细的蓝色光线。

蓝色显像是钨的特征。当地人把钨称为“蓝色钻石”就由来于此。

◇ 所到之处皆有中国人！合作40年的契约被无情终结

这几年，每遇稀有金属的谈判交易，我们就常常要与中国企业竞争。

我和矿山公司的社长进行了交涉。

社长说：“开发矿山大约需要3亿美元的资金。”

“就现阶段而言，我们可以负担矿山开发所需资金的一半。如果是3亿美元的话，那么1.5亿美元由我方负担。”

“这么说，那，中村先生的条件是？”

“请优先为日本提供钨。”

于是，矿山公司的社长说出了令人吃惊的话。

“出售钨的利润分配，俄罗斯占七，日本方面占三怎么样？”

“什么？7比3？”

日本方面提供矿山开发资金的一半，却只能得到利润的三成！

“这老头，还真是强硬呀！”

强硬态度的背后是中国人。

已经有超过两家以上的中国企业盯上了这座矿山，而且愿意提供多数的资金。

“可恶，又是中国！”

这几年，每遇稀有金属的谈判交易，我们就常常要与中国企业竞争。比如，澳大利亚以前有个Western Mining Co.,Ltd公司（现在被BHP Billiton 必和必拓公司收购），拥有大多数的稀有金属矿山，是非铁矿山中较大的一角。

这家公司，1967—2004年一直是和住友金属矿山签约的。每10年一次更新续约，连续40年保持着良好的关系。

但是，收购稀有金属资源的中国企业盯上了这座矿山，提出了比住友金属矿山更加优厚的谈判条件，于是住友金属的契约被终结了。

中国人为了谈判成功“不择手段”，准备好了活动经费，接待不遗余力，让被接待方到了应接不暇、体力难继的程度。

知道Western Mining Co.,Ltd公司的合约要被中国企业夺取时，住友金属矿山也着了慌，决定“拿出比中国企业更高的金额”，但为时已晚。

不过，住友金属矿山很好地运用了这次的经验，最近频频在矿山开发方面取得进展。

◇ 亚马孙丛林遭遇土著，九死一生

虽然，遇到熊袭击的时候，“装死”被用作惯常的防御手段，但根据情况的不同，有的时候是不能示弱露怯的，甚至有的情况下倾注全身气力大声呼喊出来更为有效。

我在钨的谈判上渐入佳境。

就谈判此事来讲，气势是非常重要的。

这是不是表面文章先另当别论，作为精神准备则是必须的。

我在亚马孙流浪的时候，曾遭遇过丛林土著。

突然感觉到有人的气场，我往后一看，两个土著正在逐步向我逼近。我停下脚步，那两个家伙也停下脚步。

他们背上若隐若现地背着大型弯刀。

我感到了强烈的杀气，可以确定，就算不死也要被剥层皮！

“这可不行。逃跑的话一定被杀！”

不过，一般来说，就算想逃也逃不脱吧。基础体力有差距，路也不熟。毕竟这里可是亚马孙丛林呀！

我突然停下脚步往回走，嗵嗵嗵地跑到两人面前。

然后大叫："Eu nao fume.（エゥ・ノン・フューモ。哦，我不抽烟！）"

于是，两人倒退几步，面面相觑，一副目瞪口呆的模样。

"快跑吧！"

我拼尽全力朝着市镇的方向飞奔。

拼命地跑，连回头看一眼的余暇都没有。不管怎样，先跑了再

我在亚马孙丛林遭遇土著，用气势吓住对方。

说。究竟跑了多长时间，连自己也不知道，直到喘不过气，再也跑不动为止。

回头往后一看，人影皆无。我呼地松了口气，当场跌坐在地。

至于为什么我会大叫“Eu nao fume（エゥ・ノン・フューモ。哦，我不抽烟！）”，那是因为在巴西的时候，时常有人对我说“借个火儿”、“给根儿烟”。那时候我每次都回答“Eu nao fume”，所以那种情况下瞬间估计了形势就大喊出来了。

如果逃跑的话，对方就会立刻追上来，因为逃跑会被对方判断为弱势行为。

所以，这个时候，最好是竭尽全力炫耀展示自己。就像炸毛的刺猬一样，把全身的刺都倒立起来。

虽然，遇到熊袭击的时候，“装死”被用作惯常的防御手段，但根据情况的不同，有的时候是不能示弱露怯的，甚至有的情况下倾注全身气力大声呼喊出来更为有效。

跟地痞流氓的争斗也一样，刚一后退就身受其害，眼皮一垂就被暴揍一顿。所以，应该竭尽全力目不转睛地紧盯对方。

◇ 日本商社之初！夺取俄罗斯钨矿山

寻矿师，就是追求浪漫的探险家。

就像大航海时代出海寻觅开辟新天地的航海人一样。

对于开创新事物，或是去未曾谋面的土地上寻宝来说，探险意志比什么都重要。

谈判时不仅要保持不动声色的样子，摆出一副绝对不会输的架势更是重要。

虽然已经被对手中国企业占了先机，但这些仅仅是设想而已。我决定使出王牌绝招。

“环境技术方面，日本的专家也会参与合作，并且，我们正在准备最新的技术转让提案。”

所谓的王牌，就是令俄罗斯心痒难挠、垂涎欲滴的稀有金属加工技术。

我就把提供这项技术转让作为了提案。日本在稀有金属加工方面拥有世界上最尖端的技术，这就成了谈判的王牌。

长达4小时的谈判成功了，终于就矿山开发项目达成协议，签署各项文件。

这个结果，使得AMJ作为日本商社，第一次在俄罗斯钨矿山开发项目上打下了占据优势的基础。

直至此时，日本的非铁制造工厂对于拥有矿山这件事都是持消极态度的。他们对于投资寻找矿山，勘察矿资源都非常地神经质。

日本的JOGMEC（石油天然气·金属矿物质资源机构），有为我们提供一半矿山勘察费的制度。就算勘察失败了，JOGMEC也不会有半句怨言。但如果成功的话，就把矿山的所有权让给国家一半即可。

即便如此，日本的矿业工厂面对勘矿的投资依然踌躇不前。结果，到底还是没有冒险勘探的意向。既然没有勘探意向，那么资源开发也就无从说起了。

1990年的前半年，我在日本的骨干商社蝶理工作，致力于中亚的资源开发。

那时候，我们向住友金属矿山提出了一起开发中亚诸国的打算。当时，蝶理亲自着手在中亚诸国建立了各种各样的ODA[1]，提出把确保一起开发资源作为此项的回报。

但是，住友金属矿山对于获取资源开发特权，表示完全没有兴趣。

哈萨克斯坦和乌兹别克斯坦这类小国看起来风险比较高，他们一直就没有放在眼里，对于这些国家将来如何也缺乏洞察，只有期待拾得资源大户余惠的一点儿小算计。

真想看看现在的哈萨克斯坦和乌兹别克斯坦。里海周围有比沙特阿拉伯更多的原油，还有铜、铅、锌等，真是资源的宝库。

宝贝们正在呼呼地沉睡呢！

[1] ODA：Official Development Assistance（政府开发援助）的简称。

正因为如此，我们AMJ的商务精英今天依然浪迹在世界各地，以开发进口中国、俄罗斯、中亚的稀有金属为主，并在亚马孙、古巴、蒙古、越南、加拿大、北极圈等世界各地寻找藏有宝藏的矿山。

寻矿师，就是追求浪漫的探险家。

就像大航海时代出海寻觅开辟新天地的航海人一样。

对于开创新事物，或是去未曾谋面的土地上寻宝来说，探险意志比什么都重要。

命运之门自动打开

◇ **54岁遭劝退离职！站在歧路上选择艰辛旅途**

我站在歧路上选择了充满艰辛的那一条。

如果有分岔路口的话，选择踏入比较艰难的那条路会更好。这是我在“放浪啃老族”时期学到的智慧。

在“3‰”的世界里开辟运势，有一个要领。

那就是，如果有可供选择的两个方案，那就选择看起来比较难的那一个。

事实上，AMJ就是这样诞生的。

1990年年初，房地产泡沫破裂；2000年年初，IT业泡沫崩溃，商社开始不赢利了，银行也开始惜贷。

2002年左右，由于持续的不景气，我所在的蝶理商社被迫作出了取舍，集中优势核心业务，舍弃其他。

当时，因为稀有金属部门的年销售额是170亿日元，所以也还属于赢利状态，但这方面是需要莫大的资金支持的，于是稀有金属部门也就成了被舍弃的对象。

这对我来说，不啻于晴天霹雳一般。

有一天，社长这样对我说："中村，你是想留在公司呢，还是另谋出路？"

这就是实际意义上的离职劝退。

这个时候，我54岁，距离退休还有6年。说老实话，这时候我就应该领着退休金过悠游自在的生活。但那样的人生也未免太过于无趣了。

"我离开！"我立即回答，旋即想"这就是机会呀！"

我站在歧路上选择了充满艰辛的那一条。

如果有分岔路口的话，选择踏入比较艰难的那条路会更好。这是我在"放浪啃老族"时期学到的智慧。

浪迹世界各地，延续着居无定所的生活。

"今天晚上要怎么办呢？"那时候，心里就会浮现出安逸和艰辛两条路。

我既可以选择在相熟的地方寄居这条安逸的路，也可以怀着探

公司经营状况恶化，54岁的我遭遇劝退离职。

险志向选择把亚马孙作为目标的艰辛之路。

如果在这个时候选择了安逸的道路，那么一些奇迹般的事情就全都被放弃了。接踵而至的会净是些疾病、伤痛、财物被盗之类不堪的事了。

我在巴西中西部的马托格罗索州流浪的时候，染上了令人烦恼至极的重感冒，嗓子肿得喝不下水，吃了带在包里的药也完全不见效。

一天所需的费用是5美元。供背包客住宿的旅馆客房，是4张榻榻米大小的汽车旅馆风格的小房间，一宿2美元。

我卧病在床起不了身，第二天旅馆老板便因为担心过来探望。

“怎么样了？”

“就是你看到的样子呀。嗓子糟透了。帮我想想办法吧！”

他只是观察了一下我不太好的情形，送来了水和糖球。

说起来，我就那样一直没有吃东西，也没有喝水，只是舔着糖球，喉咙一点点通畅起来。3天后，我才终于可以喝水了。

也曾发生这样一件事。

我进入蝶理商社工作的第二个年头，由于地产投机失败，公司面临倒闭。当时有3500名职员，但公司的经营状态使其不得不裁去其中的1500名员工。

我当时的座位就在人事常务理事的旁边，中老年职员被依次叫了过去，我目击了他们被下达最后通牒的场面。

就算不想听，谈话内容也听得一清二楚。其中，还有人哭了起来。

大部分前辈都离开了公司，即便如此，也还是有拒绝解除合约的职员，被关进连一部电话都没有的人事部办公室，不给他们安排任何工作，强制辞职。

“公司真是个残酷的地方呀！”我在心里暗暗地想道。

我进公司之后，立刻厌烦了被分配到的总务的工作，总是琢磨着“什么时候辞掉工作呢”这回事。“辞职是条安逸的路。这个公司到底会如何走向，我还是想看到最后。”于是我选择了一条艰难的路，从此开始全身心地致力于工作。

不管怎样，一旦选定了艰难的路，自己的精力顿时充沛起来，期待着新的发展。

◇ 自己不下定决心，命运就不会改变

宿命虽然不能改变，命运却是可以改变的。

就算没有被上天赋予才干，人生的方向也是可以自己掌控的。

所谓命运，原本就需要我们自己开辟。

宿命本身是不会改变的。我想宿命就是我们搭上的一艘船。

比如说，我出生在中村家，由于祖先制造了我，就算我祈求上天从现在开始把我生到别人家去，那也是不可能的。这就是宿命。

不管我是想成为美国人，还是想成为中国人，都是不可能的。这就是天定的宿命。

命定的事情虽然无法改变，但航行的目的地却是可以自己掌控的。这就是“命运”。

命运，是可以由自己改变的。

即便搭乘了大船，如果自己不下定决心的话命运也不会改变，只是白白地浪费了人生。

例如，战略舰大和号被长时间停泊在吴港，无法体现出自己应有的价值，就那么沉没了。一艘大船却有着不幸的命运。

而就算只是一艘小船，如果能够发挥自己的力量，也可以达成丰功伟业。横穿太平洋的帆船就是如此。

宿命虽然不能改变，命运却是可以改变的。

就算没有被上天赋予才干，人生的方向也是可以自己掌控的。

抓住细微想法改变人生

◇ 如果牛皮吹出去了，就想办法把它变成现实吧

大话说出去了，就只有大干一场了。自己被自己说出去的话推着前进。

“今天，我辞职了。”从公司辞职回来的那天，我这样告诉妻子。

妻子在“啊！”地惊呼一声后，就是一阵沉默。两三分钟的时间里，尴尬的气氛在我们之间涌动。

“琢磨什么呢？你！脑袋坏掉了吧？一辈子做个上班族，坚持到最后，不是最安稳的吗？！”

距离退休还有几年，就算从稀有金属的第一线被赶到边缘地带，如果我也能老老实实忍着的话就可以拿到足额的退休金，今后可以靠着养老金悠闲度日。妻子的话我并不是不明白。

“那么，退休金呢？”

“汇入新公司的资本金账户了。”

“我那份儿呢？有一半是我的吧？”妻子瞪着我说。

我跟妻子“夸口”说从公司辞职后自己会有更好的发展。

“与其我现在马上给你，还不如以后十倍、百倍地给你更开心，对吧。”这个时候，我决定大吹牛皮，吹得天花乱坠。

我并没有那种男子汉的豪爽气概，相反是有些特别神经质的类型。如果不是牛皮吹大了夸下海口，就一步也不会向前迈进，什么行动也不会有。

不过，大话说出去了，就只有大干一场了。自己被自己说出去的话推着前进。

◇ 就算被说成“变态吹牛人中村”又如何

周围的人把我叫做“变态吹牛人中村”，不过这点事无所谓了。我想“也许说着说着就成功了呢”，所以就继续没完没了地说下去。

这么说起来，出发去放浪游历的时候也是如此。

我出国的理由是“为了考察巴西的森林资源”，但这种说法并不准确。实际上只是想去国外晃荡游历，增长见闻。

我还是孩子的时候，就喜欢四处游历。

从小学生的时候开始，就曾去登过京都的北山，或骑着自行车绕行琵琶湖一圈，上了中学、高中之后更加与时俱进，逐渐拓宽了游历放浪的范围。

然后，终于进入了大学时代，想尝试独自一人浪迹海外的念头涌上心头。

小小的日本人际关系圈已经不能满足我的需求了。

我想和世界上的人交流，拥有更广泛的人际关系圈。

当时的我，就像在开篇中说过的那样，是“不就业，不接受就业指导，缺乏同理心的年轻人”。

大学毕业了，但还没有作好马上进入社会的准备，希望至少先放松一阵子，辛劳的日子迟一些到来。

虽然不想成为学者，可也进入了研究生院，感觉到疑虑满腔，却只能无计可施地混日子。

只是，那个时候不是谁都能轻易出国的时代。

能出国的，只限于被挑选出来的人。优秀的学者去留学，外交官去出差上任，公司商务人员出差等。

可是，不管怎么样，我想去国外，目的地是哪里都无所谓。

“我想出国呀！”为了把一时的念头变成现实，就不断地重复说出来。

“说什么呢？像个傻瓜！连就业都不行。”

一直以来，吹牛皮说大话就是我的习惯。如果有了想做的事，在考虑能否成功之前就已经宣布了“我想做这件事”。

因为这个宣言，我自己也觉得是“赶鸭子上架，不做不成

年轻时，我被周围人称做“变态吹牛人中村”。

了”，就算知道实际操作起来有困难，可又觉得“未必就不成吧”，还真是有些不可思议。

◇ 对周围人的忠告充耳不闻

“在日本到出国之前遇到的障碍壁垒，比出国之后还要严峻得多。”我的心情就像飞出宇宙的火箭一般雀跃。

“你作为一个学生，都在瞎想些什么呀？”大学的老师们用相当怪异的眼神看着说想出国的我。

研究森林的学生去进行森林调查，如果放在现在的话会被表扬吧，起码绝不会被说成是“蠢话”。

森林调查得到的尚且是那种反应，如果我直接说出“只是单纯想出国看看”这样的心声的话，那就岂止是不被认同的问题了，“说什么傻话呢”立刻就会被否决了吧。

所以我隐藏了本意，只说“到巴西去考察森林资源”，又列举了几个类似的理由，总算说服了身边的人。

“在日本，出国之前遇到的障碍壁垒，比出国之后还要严峻得多。”我的心情就像飞出宇宙的火箭一般雀跃。

“由于大气压力，飞出大气层之前都是相当辛苦的。可是，一旦脱离了大气层，立刻就感到轻松舒畅了。”

在那种劲头上，我已经对什么忠告都听不进去了。

“没有钱的话可就连朋友都没有了，而且你病了的话怎么办？”分析了我要做的事，也收到了来自好友的忠告。

但是，我完全没听进去。脑袋里全是在国外逍遥的自己，心情欢呼雀跃不已。

看了《法网恢恢》（The Fugitive）后，就自信“天无绝人之路”最初是什么都无所谓的。微不足道的小爱好和偶然闪过的念头就会改变人生。

不是模仿别人，而是彻底地追求自己的爱好，你的人生就会变得有意思起来。而最初的一步是很关键的。

让我如此乐观的唯一原因，就是来自电视的影响。

小时候，电视里播放过一个名叫《法网恢恢》的电视剧。

我看的是大卫·强生主演的那一版，随后，这部电视剧因为哈里逊·福特和米基·洛克主演的翻版而名声大振。

这部片子描写的是，因为杀死失忆妻子的罪名被宣布判处死刑的医生李察·金波，一边躲避警方的追捕，一边寻找真凶，并因此游遍全美的故事。

当演到紧追不舍的杰拉德警部[1]出场的画面时，我紧张地吞着唾沫，手掌攥出汗来，但金波在千钧一发之际逃之夭夭了。

“我也能行吧？到美国去，一边刷盘子什么的，也能到处走走看看吧！”在每周观看《法网恢恢》这个电视剧的日子里，我毫无根据地浮想联翩。

[1] 警部：日本警察官阶之一，相当于中国的警督。

我的头脑里浮现出自己小时候坐在电视机前看《法网恢恢》的情景。

看着金波医生在美国各地一边从事各种工作，一边不断四处游历的样子，我就觉得“我也可以去流浪”。

觉得很单纯很傻吧。

可是，行动起来的时候就不是这么回事了。

最初是什么都无所谓的。微不足道的小爱好和偶然闪过的念头就会改变人生。

不是模仿别人，而是彻底地追求自己的爱好，你的人生就会变得有意思起来。而最初的一步是很关键的。

不用在意他人的目光，丢丑了也不要紧。没人会关注别人的事，也没人会盯着你看，所以尽可以自由地、为所欲为地行动。

世界是如此之宽广，遭社会压迫，又被局限在过小的天地里那就太乏味了。

下定决心飞向外面的世界，浪迹海外，一定会有什么改变。即使错过了最初的契机，最终也一定会从那里得到什么的。

不管是天才还是傻瓜，时间对众生都是平等的

◇ 把一天分成4份

不管是天才，还是傻瓜，只有时间对众生是平等的。

所以，征服时间就是成功的捷径。不要局限于1天24小时的物理时间，而是以合乎自己需求的形式调整控制时间。

在“3‰”的世界里，开运的另一个诀窍就是如何利用时间。

上天赐予我们唯一平等的东西就是时间。

绝不要有把不平等的原因归结于DNA的情绪。

贫穷，有种就放马过来。身长腿短、头脑不够清晰，那也是上品。同乡关系、血缘关系、光鲜外表全都没有也OK。

只有“时间”是属于我的东西，所以不管怎样，只要能自由地

使用时间，就能够开辟命运。

不管是天才，还是傻瓜，只有时间对众生是平等的。

所以，征服时间就是成功的捷径。不要局限于1天24小时的物理时间，而是以合乎自己需求的形式调整控制时间。

我的情况是把一天的时间划分为4个时间段。

工作计划和充电6小时，工作执行时间6小时，留下6小时是自己的私人时间，睡眠6小时。

具体地说，就是早上5点~11点是工作计划和充电时间（输

我把自己的一天划分为4个时间段。

入），上午11点~下午5点是工作的执行时间（输出），下午5点~晚上11点是自己的私人时间（程序安装），然后夜里11点~早上5点是睡眠时间（内存备份）。我一直忠实地执行着这个时间规律。

◇ 中村式6小时分割一日日程法

自那以后，我就尽量把时间只用在喜欢的事情上，输入、输出、程序安装、内存备份，是我划分好的4个时间段。

我每天早上5点钟起床。“现在要启动信息输入时间咯”，起床的时候给自己施加强烈的暗示。

睁开眼睛的时候，必须要给自己正面印象的信息。当然就是要想着“今天有高兴事儿”。

如果前一天晚上喝酒喝到很晚，那就培养不了这种心情了。

所以，只要不是牵扯到相当金额的生意，聚饮餐会都是喝一轮就告辞，然后快速赶回家。

我在输入时间段里进行的都是高创造性的工作。

用e-mail进行交流沟通，写杂志连载的原稿，公司方面的工作也是如此，资本政策等必须认真决定的方针大计，进行优先次序顺位高的工作。这些工作在判断力降低的晚上我是不做的。

早上8点半出家门，9点半到公司，一直到10点是准备工作程序。

无论是着手信息处理，还是想出什么新构思，早上的时间都是最重要的，所以早早起床绝对是正确的。

11点以后是输出时间段。会议、和客户沟通交流、生意的具体谈判等都安排在这个时间。

午餐、晚餐也都是和客户或公司骨干一边谈话一边进行的。因为这也是在传达自己的想法，所以算作是一种输出。

下午5点开始是私人时间。尽量用在除了工作之外的事情上。和家人朋友一起度过，或享受音乐美术的乐趣，或读书学习等。

虽然我也会参加聚餐，但一定会在第一轮宴饮后结束。晚上8点离开的话，到家差不多是9点。从9点~11点之间的2小时可以用于自己的私人事务，所以这段时间可以看看书什么的。这个时间段，是自由构思幻想安装独特程序的时间。

然后入浴，晚上11点就寝。因为必须要进行今天一天的内存备份，所以直到早上5点都是重要的睡眠时间。

不管是周六、日，还是去国外，一般都是这样的日程安排。

我非常重视图和表的印象绘图。

在和人谈话的时候，就在脑内绘制印象图表，商务开发规划就在所绘的脑图范围内进行磋商。

拜这个时间安排方式所赐，我早上总是第一个睁眼起床，以良好的形象开始每一天。到了国外，“那里也许藏着宝呢”这样的直觉也逐渐清晰起来。

我一向神清气爽，不知疾病为何物，已经有十几年不曾患病了。

另外，输入时间和输出时间分开的方式也很好。因为意识到了这一点，工作也带上了节奏感。

“定居的不就业族”时期，使用时间的方式是极端的。

闲着的时候总是在睡觉，所以曾经觉得，“起床去工作的都是笨蛋，这世上还有比睡觉更美的事吗？”

反过来，从“定居不就业族”成了“放浪不就业族”之后，因为到处东奔西走，睡觉的时间也吝惜起来。自从介入了放浪生活，或增长见闻，或学习新的外语，无论干什么都是兴致勃勃的。自己的好奇心开始觉醒了，觉得多少时间都不够用。

然后，我就发现了时间使用方法上的奥秘。

这不是爱因斯坦的相对论，但是我察觉到，做喜欢的事情的时候，时间就短了，做讨厌的事情的时候，就感到时间长得可怕。

自那以后，我就尽量把时间只用在喜欢的事情上，输入、输出、程序安装、内存备份，是我划分好的4个时间段。

◇ 旅途是睡眠好时光，醒来就立刻行动

在移动中熟睡养精蓄锐，到达目的地的同时，就立刻干劲儿十

足地开始活动。这已经成为了我的习惯。

我的优点就是，不管在哪儿都能马上入睡。

乘出租车的时候立刻就能睡着，而且基本上都是熟睡状态。新干线也好，飞机也好，我都能睡得很香。

这大概是因为，我一年里有三分之一的时间都生活在国外吧。

在移动中熟睡养精蓄锐，到达目的地的同时，就立刻干劲儿十足地开始活动。这已经成为了我的习惯。

因为只是睡觉，所以经济舱足矣。好座位也罢，不好的座位也罢，都一样。机票就买最便宜的打折票。

如果飞机起飞的时候旁边座位还是空的，就把那个座位也利用起来。上，一下子躺下来。接着，几分钟就睡着了。到达通知的广播响起之前我是不会起来的。

偶尔和工作伙伴同行去现场，其中也有人换了枕头就睡不着，这样的人在十几小时的飞行中一觉也不能睡，到达目的地的时候就摇摇晃晃的了。

“中村还真有精神呀！”我怀着感激之情领受了这番半是钦佩，半是嫉妒的言语。

“喂！快走吧！”我开足马力奔赴现场。

不过，我能够立刻入睡还有别的原因。

说起来，还是源于恐惧。在中国和俄罗斯乘车的时候，司机以惊人的速度狂奔，在混乱嘈杂的市区里也依然速度惊人。在要撞车的瞬间急踩刹车，和前车的距离不过数厘米的情况也不稀奇。在地上满是小石子的、已经不能称为路的路上，也照样狂奔。

逃避这种恐惧的唯一方法就是睡觉。

飞机也是如此。我经常乘坐令人没有安全感、设备不周全的飞机。飞机被卷入气流，一下子落下数百米，身体被抛上飞机顶棚的瞬间是很恐怖的。

比如，我在从中国上海飞往福州和南昌的途中，通过南岭山脉的时候就遭遇了空中陷阱，身体多次被抛离座位，真是太吓人了。

一年里总是经历这种体验可是会短寿的。所以，在旅途中就只能睡觉了。

Chapter 2

第二章

7分努力+2分技巧+1分运气=成功的跳板

先到国外去历练一番才是最重要的。我在国外的谈判中表现强劲，全拜当年“放浪啃老族”时期培养出的处世经验和直觉所赐。

激战号称“世界第一谈判高手”的男人

◇ “日本犹太人”和“世界犹太人”的较量

每个国家都有自己特有的文化和传统，难分优劣。

不过，其中也有例外，犹太人就占有先天优势。他们的头脑非常敏锐，掌握着丰富的信息，商业谈判的洗牌手法更是高超。

到目前为止，我已经同全世界各地所有的人进行过商务谈判了。

奔走于世界各地，控制稀有金属矿藏，被称为“现代寻矿师”的我的谈判能力，是年轻时候“放浪啃老族”的经验，并通过与各民族不同流派的较量磨砺出来的。

谈判的方法，由于民族的不同而略有差异。

中国人是不好对付的。日本人和中国人往往认为双方有着能促进成功的“共有文化”，但实际上拥有的却是完全不同的文化和想法，谈判是非常艰难的。

不管对什么事都把视野放在远处，作长期考虑的是中国人，相比之下日本人的想法就是过于短视的简单武断了。

印度人能够自如地操控时间，非常顽强。

印度人在谈判场上对时间的操控性非常强。

在谈判上，印度人比中国人还难缠。想法完全不在一个层面上，而他们那比打游戏还专注的交涉手腕更是要命。

他们对于时间的概念不同于日本人，一点儿小问题的交涉也要花费不少时间。这对性情寡淡的日本人来说无疑是最痛苦的事。

法国人一边巧妙灵活地运用歪理、诡辩、狡辩等说辞，一边盗取谈判筹码。

他们掌握着罕见的外交谈判策略，在谈判中提出完全不相关的议题，是擅长偷换概念的魔术师。

随着谈判时间的推移，一个一个谈判成果被形成文件，在切实

法国人善于运用歪理、诡辩等说辞。

美国人是最单纯的谈判对手。

确保回报的同时，推进谈判进程。

美国人，在某种意义上来说是最单纯的谈判对手。

我对美国的各个商业事件进行了研究，但不认为他们有多么深厚的背景。大部分只要解决了经济合理性问题，谈判就能成功。

俄罗斯人的谈判属于简单粗暴型的。

他们感到满足了就像吃饱了的熊，若是不满足的时候就化身为负伤的熊。“涅特！”[1]于是始终都不愉快。

[1] 涅特：俄语“不”的发音。

俄罗斯人的谈判风格属于简单粗暴型。

黎巴嫩人和叙利亚人（有人称为“黎巴叙利人”）是不能有丝毫大意的民族。和他们打交道就要作好被敲竹杠的准备。

越南人，嘴上说的和心里想的完全不是一回事，是最复杂的民族。

这点也可以说是半岛民族的特征。

每个国家都有自己特有的文化和传统，难分优劣。

不过，其中也有例外，犹太人就占有先天优势。他们的头脑非常敏锐，掌握着丰富的信息，商业谈判的洗牌手法更是高超。

顺便说一下，我就常被人称为“稀有金属界怪胎”和“日本犹

与黎巴嫩人和叙利亚人谈判要作好被敲竹杠的准备。

越南人嘴上说的和心里想的完全不是一回事。

太人”。我把这些称谓当做夸奖，心怀谢意地统统收下了。

实际上，我有被犹太系的哥伦比亚人骗过的经历。

1985年，我致力于哥伦比亚的棉花开发，和哥伦比亚人约在纽约会面，但是我望穿秋水，他也没有出现在约见的地点。

我掉头飞回哥伦比亚，在那里再次进行谈判，结果是损失了1000多万日元。而且交货期延迟了，给客户造成了极大的困扰。

因为有了这次经验，我把犹太人认作了强敌。

不过，世界如此之大，NO.1绝非犹太人。

◇ 和“世界最精明的商人”展开商务合作

如果你向伊朗商人询价的话，他们经常会说 “这个不要钱，您随便拿去吧”，或者“就请先生您给个价吧”这类吸引顾客的话。

当然，他们早就料到顾客不会不付钱就拿走商品，也完全没打算按照顾客开的价钱卖货。

我只知道，拥有出众谈判能力的是粟特人。

粟特人是生活在当今乌兹别克斯坦周边的少数民族。

翻阅古文献，亚历山大大帝是这样描述粟特人的：他们是“世界上最精明的商人”。

玄奘（三藏法师）在《大唐西域记》中说：“粟特人都是经商能手，非常狡猾，中国人拿他们是没有办法的。”马可·波罗也在《东方见闻录》中有同样的记载。

在世界史的教学中，你们也许学习过一个叫做“胡”的民族。“胡”其实指的就是粟特人。

粟特人，是在谈到丝绸之路的时候不得不说的一个民族。

4—8世纪时，在连接东西方的丝绸之路正中，人们以中亚的撒马尔罕为据点开展贸易活动，因而十分繁荣兴盛。

如果翻看记录当时绿洲商人生意的文献，就会发现从事金、银和丝织物等买卖的几乎都是粟特人。620年左右的高昌国市场记录中，记载着商人们交易的内容，其中8成以上都是粟特人的记录。

粟特人沿着贸易路线建立了许多殖民地，但是为什么没有建立起一个统一的国家呢？匈奴、突厥、维吾尔这些民族，在政治上虽然依附于当时的游牧国家，但在经济和文化方面却被认为居于指导地位。

但是，8世纪的后半期，由于阿拉伯人来袭，粟特人被清洗了。12世纪的文献中有记载，粟特人从地球上消失了。

不过，这可是个天大的错误。

粟特人并没有消失，他们只不过是融入了各地。

他们现在依然活跃在中亚地区的商务战场上。

那种做生意的手法，如果你联想到现在的伊朗商人的话，就很容易了解了。

如果你向伊朗商人询价的话，他们经常会说 “这个不要钱，您随便拿去吧”，或者“就请先生您给个价吧”这类吸引顾客的话。

当然，他们早就料到顾客不会不付钱就拿走商品，也完全没打算按照顾客开的价钱卖货。

如果卖的是高档商品，一见贵客上门，他们就关闭店门，端上茶水，细烹慢调地把客人圈在店内。在不知不觉之中，就给你造成

伊朗人会用“这个不要钱，您随便拿去吧”之类的话来吸引顾客。

了“非买不可”的感觉，你觉得是讨价还价后买到了便宜货，实际上却是被强行推销买下了高价货。所以，有3个犹太人相加也比不上1个伊朗商人的说法，可见他们做生意之高明。

就日本来说，大概只有近江商人与之相当。

近江商人，通常会考虑对自己比较有利的战略。所以，不管是从前还是现在，他们都占据着绝对优势。

粟特人也是这样，他们总是考虑垄断生意、独占商机，因此一直遭到其他民族的疏远。

“9次YES”使对手身陷计谋，“最后1次NO”绝对寸步不让

◇ 和世界最强谈判高手粟特人的初次交锋

“我认识有势力的人，可以介绍给老板。”她对我说。

事情一帆风顺地向前推进，不久我就和乌兹别克斯坦最大的运营商会面了。

运营商社的名字，直接说来就是“苏固堤阿纳”。

我遇到粟特人，是1989年还在蝶理工作的时候。

蝶理在纤维相关产业方面很强，要从世界各地购买棉花棉籽绒。

棉花棉籽绒是棉花的一种，可用作人造丝的原料。

附着在棉桃里的纤维中，去掉长的纤维“皮棉”后剩下的，种子周围的短纤维就是“棉籽绒”。

棉花棉籽绒除了可以做再生纤维的主原料之外，还可以代替木材纸浆做纸的原料和火药。

我开始在中亚做棉花生意，到乌兹别克斯坦的首都塔什干设立的办事处去，任临时所长。塔什干是世界上最大的棉花产地。

事务所里有一位熟悉当地事务的女秘书吉丽亚小姐。

吉丽亚小姐是塔塔尔人，是个丰满的性感美人。她热心地为我调查了棉花棉籽绒商务贸易方面的可能性。

“我认识有势力的人，可以介绍给老板。”她对我说。

事情一帆风顺地向前推进，不久我就和乌兹别克斯坦最大的运营商会面了。

运营商社的名字，直接说来就是“苏固堤阿纳”。

苏固堤阿纳公司是收购、出口这个地区棉花的乌兹别克斯坦的私营企业，是最成功的公司。社长夏吉耶夫先生45岁，个子不高却体格健壮，肌肤微黑，长着骨碌碌的大眼珠子。

◇ 针对“躁郁型气质”，抓住矛盾点就能轻松拿下

这种类型的人大多任性，凡事喜欢自作主张。不过，他们比较

没常性，不会自觉承担责任，因此想法容易摇摆不定。只要攻击那个矛盾点，这个类型的人就会被简单拿下。

对于初次见面的人，我会依据“库列奇曼的体型类别与性格分析”[1]分析对方，并作出相符的应对之策。

“库列奇曼的体型类别与性格分析”将人分为如下3类：

①“肥胖型”＝“躁郁型气质”……爱交往的一面和沉静的一面交替出现

②“瘦长型”＝“分裂型气质”……神经质，非社交型，具有精明和迷糊两面性

③“肌肉型”＝“黏液型气质”……具有多面性，无论做什么都很精细

这个虽然不能全信，但是对在海外直接上阵谈判来说，也可以作为一个判断标准。

比如说，协调职能型的商人是“肥胖型”，负责财务的银行

[1] 库列奇曼的体型类别与性格分析：由德国精神病学家与心理学家库列奇曼提出的性格“体形说”，他认为人的不同体形，是导致人具有不同性格的最主要原因。

3种不同气质类型的人：分裂型、黏液型和躁郁型。

人士类型多是“瘦长型”，独断专行的技术型厂长大多是“肌肉型”。尽管国家和人种不同，但人类的行为模式没有太大的差别。从我到目前为止的经验来看，将库列奇曼的体型差别与性格分析和面相学相结合的话，判定人物的成功率在九成以上。

和“躁郁型”的人谈判时，必须注意对方的精神状态、情绪起伏。

在他爱交往的一面出现时接近他，采取一气呵成、穷追猛打的谈判策略最具效果。相反，当他沉静的一面呈现时，无论说什么都无济于事，难有结论。这个时候的谈判肯定是不顺利的，所以不如立刻打道回府，下次再来。

这种类型的人大多任性，凡事喜欢自作主张。不过，他们比较没常性，不会自觉承担责任，因此想法容易摇摆不定。只要攻击那个矛盾点，这个类型的人就会被简单拿下。

◇ 对付“分裂型气质”，要常给对方留有余地

因为他们极不喜欢被指出缺点和错误，或被折了颜面，所以必须注意说话方式和态度。催促会引发对方的恐慌，就难以得出结果了。所以谈判时给对方留有余地的话，进展会更加顺利。

“分裂型气质”的人原本就是比较神经质的，不过事实上他们只对自身的事情神经质，对别人的事情却丝毫不上心。

这种类型的人经常做些“自己无所不知”的发言，实际上却忽略了，不明白那件事的其实只有他本人而已，这种案例是比较多见的。

由于这类人过于自负，让他们自己意识到这一点的话，他们的态度就会发生急剧的变化。

不过，因为他们极不喜欢被指出缺点和错误，或被折了颜面，所以必须注意说话方式和态度。催促会引发对方的恐慌，就难以得出结果了。所以谈判时给对方留有余地的话，‘进展会更加顺利。他

分裂型气质的人自负、爱面子。

们一旦有过一次不愉快的经验，就再也不想去碰了，所以要是感觉不顺的话，还是先搁置一段时间再进行谈判，结果会更好。

正因为他们是骄傲自满、过度自信的，所以在谈判中会毫不留情、咄咄逼人。这个时候，你不妨换个比较平和的话题，搁置一段时间后再重新开始谈，成功率会更高。

◇ 对于“黏液型气质”，要向对方展示清晰完备的解决方案

一般这种类型的人，都非常执著于自己的想法和做法。他们像手艺人一样死心眼，一旦醉心于自己的想法，就很难再被影响。

和“黏液型气质”的人，应该有条有理地进行谈判。

一般这种类型的人，都非常执著于自己的想法和做法。他们像手艺人一样死心眼，一旦醉心于自己的想法，就很难再被影响。

不过，如果这种理论派对手比较弱的话，提出条理清晰的合理性解决方案，也常能得到对方的附和赞同。

黏液型气质的人非常执著、死心眼。

就夏吉耶夫先生的外貌来看，他是体格健壮的肌肉型，属于“黏液型气质”。只是，他已经超出了那种概率分类，让人感觉气宇非凡。

“这可是个说到做到的主儿。”

从第一次见面开始，我就感觉到夏吉耶夫先生身上有一种力量，换句话说就是他身上弥漫着强大的气场。

夏吉耶夫会让人联想起历史上的一个人物——安禄山。安禄山是在唐玄宗时期引发安史之乱并自立为帝，最后却被自己的儿子杀死的悲剧男人。

安禄山是唐朝的军人，不过据说他是粟特人和突厥人的混血。禄山，在粟特语里是“rwx n/rox (a)n”，“光明”的意思。

谈判对手夏吉耶夫有一种力量，让我感到仿佛安禄山重返了人间。

这就是我和粟特人之间的首次交集。

◇ 对手也连续9次“YES”让步！一定有什么古怪

到目前为止，我也经历过许多艰难的谈判场面，论辩说理那是十分在行的，但这次我连续9次否决对方的提案，一直说“NO”，对方则连续9次让步说“YES”。这是夏吉耶夫为了卖给我人情而作出的让步。

略一交谈就发现，原来夏吉耶夫社长对日本非常了解。他说自己能说上几句日语，并数次造访过日本。又谈起和日本的M公司在棉籽绒交易方面的成果。

“M公司棉花交易的份额在日本是处于前三位的。作为后介入者不下决心好好干的话是难以取胜的。”

所幸的是，蝶理是第一家在塔什干设立办事处的日本公司。

“如果能灵活发挥这个优势的话，也许能有什么建树。”我从宣扬己方所占的优势开始入手。

蝶理在棉花棉籽绒方面的交易处理量位居日本首位，作为第一竞争对手的M公司虽然在棉花项目方面很强，但是在棉花棉籽绒项目上却还有所不及。

夏吉耶夫一直以平静的表情听着我说话，这时突然开口了。

“中村先生，我把日本市场的总代理权给你们吧。”

“嗯？！”出乎预料的话令我大吃了一惊。“只是有个条件。”他接着说，“你们要消化掉棉花棉籽绒总产量的一半。”

但是，在世界各地必须收购量的基础上，如果再吃下他们总产量的一半的话，供给就过多了，所以这个条件肯定不能答应。

“明白了。那我们重新来考虑一下价格吧。”

不过，他们提出的价格与我原本设想的有极大的差距。

“那么，如果你们的收购中也包括二级品的话，价格就可以大幅降低。”

关于这一点，我自己是没有决定权的，不可能当场决定。

而且，我在包装和交货时间方面都作要求。质量检查的方法、运输手段、运输路线和运输成本等，方方面面都进行了激烈的交涉谈判。

对于我这方面提出的主张，他并没有完全否决。

在接受的同时，却必定委婉地提出不同的方案。

夏吉耶夫一边减少问题的争议点和可供选择方案，一边妥协。当所有的妥协方案都被提出后，就成了他让步的筹码。

“真是不好意思呀！”

到目前为止，我也经历过许多艰难的谈判场面，论辩说理那是十分在行的，但这次我连续9次否决对方的提案，一直说“NO”，

谈判对手连续9次让步说“YES”，这让我心里犯起了嘀咕。

对方则连续9次让步说“YES”。这是夏吉耶夫为了卖给我人情而作出的让步。谈判场上的氛围变得微妙起来。

◇ 在“YES”占主导的氛围中，如何开口说“NO”

在“YES”占主导的氛围中，我拼尽全力说出了“NO”。

若是落入对方的圈套说了“YES”，那之后就有苦头吃了。

在全部10项条款中，有9项都是按照我的设想推进的，“结算条件”作为最后的谈判条款留了下来。

我看了一眼夏吉耶夫，柔和的表情从他的脸上消失了。

“看来，现在要开始决一胜负了。”长年形成的直觉告诉我。

正如我所料，他的态度突然改变。对于预付款条件决不妥协，开始强烈坚持自己的主张。

“真是麻烦呀，政治风险和金融风险太大了，预付款是不可能通过的吧。”

为了让他改变结算条件，我提出了各种各样的方案建议，但是对方寸步不让。在温和友好的气氛中推进的谈判变得艰难起来。他的大眼珠子瞪得更大了，紧盯着逼我作出决定。

谈判对手瞪大眼睛，逼我做决定。

“天哪，简直像要吃人一样！”

紧迫逼人的谈判已近两小时了。

随着谈判僵持不下，选择条款又多又复杂，人也疲劳了，所以大脑渐渐运转不灵了。就在这种情况下，对方开始逼迫我作决断。

最初9项条款的让步已成了欠下的人情债。对方也拿这一点来做文章，一种“我方起码也要给出一两个他们希望听到的说法”的气氛弥漫着，结果难以谈拢。

最后，这次谈判双方未能达成一致。

在“YES”占主导的氛围中，我拼尽全力说出了“NO”。

若是落入对方的圈套说了“YES”，那之后就有苦头吃了。

因为谈判涉及对手方面的种种，所以也属于社会科学的范畴。一般人们都喜欢以心换心，在那种场合氛围下很多人就会草率地作出决断。

在粟特人营造出的只有“YES”选项的谈判氛围中，清楚干脆地说出“NO”是很难的吧。因此，也可以说粟特人是日本人的天敌。

我确定想法的机制，是从“人类学”转化而来的。在建立起彼此尊重融洽的关系之前，我不会凭感情来作决断。谈判一旦不流畅，过程中往往就会有一种“背后藏着什么”的紧张感，而我不会陷入那种氛围中，到了最后的最后还能说出“NO”。可以说这都是得益于“放浪啃老族”的经验和直觉。

◇ “世界最强谈判高手”的最牛底牌

谈判现场唇枪舌剑、指手画脚、惊心动魄，因此便被那个场合的气氛淹没了，不得不对粟特人提出的条件说“YES”。粟特人就营造出了那样的氛围。

不过，能够切身感受粟特人最强的谈判技巧，这已成为我极大的财富。

回过头来看，夏吉耶夫的谈判技巧，是对无关紧要的条件全盘妥协，只对最重要的条件寸步不让。他不给对手留下一点儿婉拒的借口，并毁掉所有的退路。然后，最终必定让对手说出“YES”。

为什么自己拥有的全部信息都被事先分析过了？当你察觉到的时候，已经被迫处在了没有任何“底牌”的状态。

就拿拳击来说吧，明明想着要占据对自己有利的战局，却在不知不觉中被逼入了角落，陷入了完全没有还手之力的境地。

在那之后，我和粟特人又有过几次交锋，他们精明过人的头脑运转迅速。你这么说，他们就那么说；你那么说，他们便这么说。

在谈判中，我被对手逼入角落，无还手之力。

我方提出的方案一旦通过，我们就松了口气，但是谈判并未就此结束。

站在我方的立场上，不断提出各种新的选择方案和条件。

哪个提案看上去都不错，但方案越提越多，可供选择的也就越来越庞多复杂。最初是想把生意朝着对己方有利的方向推进，绞尽脑汁算计，但可供选择的方案如此之多而庞杂，终于引起了轻微的恐慌，随后的谈判就此作罢。

谈判现场唇枪舌剑、指手画脚、惊心动魄，因此便被那个场合的气氛淹没了，不得不对粟特人提出的条件说“YES”。粟特人就营造出了那样的氛围。

在谈判场上游刃有余的“放浪啃老族”

◇ 从婴儿时开始，一旦抓住金钱就决不放手

甜言蜜语运用自如，入手的金钱决不放开。从出生开始，父母就以这样的观念来教育孩子，所以此处商人骨子里的东西自是与别处不同了。

对于这样的民族，任何人都很难有胜算。

和夏吉耶夫吃饭的时候，我听说了这样的事。

在粟特人的传统仪式里，有一项叫做“捆住摇篮”。在把婴儿第一次放入摇篮的时候，会让他嘴含蜂蜜，手握硬币。

“为什么要这么做呢？”我问夏吉耶夫。

“粟特族的孩子，将来是要靠做商人讨生活的。所以要让他说甜蜜的语言。并且，要从婴儿时期开始灌输他们，一旦抓住了金钱就决不放手。”

听闻此言，我吃了一惊。

中国唐代的文献中也有这方面的记载：“粟特人在刚出生的孩子口中喂入蜂蜜，手掌涂上黏胶。这是为了让孩子将来能口出甜言蜜语，手抓金钱。”

粟特人的传统：让婴儿口含蜂蜜、手握硬币。

甜言蜜语运用自如，入手的金钱决不放开。从出生开始，父母就以这样的观念来教育孩子，所以此处商人骨子里的东西自是与别处不同了。

对于这样的民族，任何人都很难有胜算。

接下来，还有后话。

实际上，我的秘书吉丽亚竟然是夏吉耶夫的恋人！

我还听到了他们现在在一起同居生活的传闻。按理推算，我手头上的情报已经全部被泄露完了。

交战前夕，早已被对手占据了制高点。

◇ 和粟特人中最强的商业家族作战

看着顽强生活的粟特人的样子，我常常想：“世界如此之大，我真是井底之蛙。和他们比起来，我的谈判技能完全不具水准。”

我把拥有世界第一谈判术的男人夏吉耶夫介绍给了大家，但他可不仅仅是个谋士。

做生意的要领是“信用”。

和我长期保持生意关系的客户，无一例外都是“讲究信用人品”的人。

夏吉耶夫一眼看上去就知道是个“重信用的人物”，并且洋溢着只有把人格魅力和商人之道发挥到极致的人才具有的“哲学”味道。

夏吉耶夫这个人，与其说是个商人，不如说他威严得更像个政治家或医生。

事实上，他的长兄就是乌兹别克斯坦的名医，作为幺弟的夏吉耶夫原为俄罗斯大使馆参赞，对于俄罗斯的政治家们也具有极大的影响力。

夏吉耶夫家族是使粟特人的商业才干在国际上发扬光大的一家。兄弟之间在互相分担风险的同时，相互扶持，是非常团结强势的一族。

看着顽强生活的粟特人的样子，我常常想：“世界如此之大，我真是井底之蛙。和他们比起来，我的谈判技能完全不具水准。”

◇ 高超的谈判能力全拜国外游历所赐

先到国外去历练一番才是最重要的。我在国外的谈判中表现强劲，全拜当年“放浪啃老族”时期培养出的处世经验和直觉所赐。

你们认为相当难吧？可正因为是工作狂人，才应该到世界各地去闯荡游历。

不过，其实我们很多人也并非能力低下。

只是，还不习惯在国外的谈判罢了。

所以，先到国外去历练一番才是最重要的。我在国外的谈判中表现强劲，全拜当年“放浪啃老族”时期培养出的处世经验和直觉所赐。

你们认为相当难吧？可正因为是工作狂人，才应该到世界各地去闯荡游历。

不必带很多钱，没有钱的话在当地打工就可以解决。如此一来，你便会知道世界上有什么样的人，他们过着什么样的生活，他

以毛皮裹身的人类，最终成为地球的勇士。

们有着怎么样的思考方式。这比起在国外的大学取得MBA学位，更能提高商务技能。

犹太人也是被赶出自己的出生地而流浪了4000多年。

粟特人被各方民族侵略、杀戮，被不同年代多次认定“粟特人已经不存在了”。不过，就是在那样的情况下，他们依旧幸存了下来。

为什么他们能够幸存下来呢？我希望大家能够思考一下。

那是因为他们合乎适者生存的原理，也就是富有柔韧性。

冰河时期的猛犸就没能存活下来，因为它们缺乏柔韧性。它们虽然拥有值得夸耀的强大体魄，却不能适应地球气候的变化。

相反，人类仅以毛皮裹身，屈居在洞窟里，生起火种而得以幸存。由于柔韧性，人类成为了地球的勇士。

这点不仅仅限于谈判，也同样适用于商务和生活方面。

在秘密军事城市，独占钛资源

◇ 越是危险地带，越是商机无限

一旦有了什么想法我会先沉淀下来。过段时间会想“稍等一下”，再重新考虑。为了分析其本质，我会研究这个想法的相反一面。

以前面提到过的棉花棉籽绒生意为契机，我开始致力于中亚的开发，而在了解中亚的过程中，我发现这里还是稀有金属的宝库。

我在中亚四处游览，发现到处都是矿山和资源加工厂，真是超级资源大国，但这里的信息还完全没有被公开。

在神秘的宝藏面前，我感觉到多巴胺都要漫溢出来般的兴奋。

苏联解体，戈尔巴乔夫正在推进改革，谁都没想到可以在中亚做生意。不过我想："没有竞争对手，现在岂不正是机会！"

一旦有了什么想法我会先沉淀下来。过段时间会想"稍等一下"，再重新考虑。为了分析其本质，我会研究这个想法的相反一面。

做生意的时候也是如此，当甜言蜜语满天飞的时候，我会想："稍等一下。不会是藏着什么问题吧？那些好话不该这么翻来覆去、没完没了吧？"反过来，当周围都是一片反对、警告声的时候，我也会琢磨："不对，连竞争对手都没有，应该是大有商机吧。"

◇ 独自留守在秘密军事城市

我作为日本人中的第1号进入了乌斯季·卡缅诺戈尔斯克。

正当此时，不料这个城市的铍工厂竟然发生了大爆炸。

但跟这种事情比起来，我更在乎的是眼前的宝山，所以这也是没办法的事。

哈萨克斯坦是稀有金属的宝库。

顺利的话，我就可以一下子控制住供给源。先下手为强，趁着还没有竞争对手的时候先取得控制权，才是我的做事风格。

只是当时在警察的眼皮底下，我不能自由地到现场去走走转转。因此，我雇用了一名来自解散的克格勃的男子，他名叫瑟卢戈。事情拜托给这个男人，他是怎么得手的我不知道，但不管是哪个城市的入境签证他都能马上搞到。瑟卢戈对俄罗斯和哈萨克斯坦所有的内部情报都知道得一清二楚。

“中村，哈萨克斯坦的山里有秘密的军事城市，你知道吗？”

“不知道。那儿有什么？”

于是，瑟卢戈小声地告诉我：“有钛。”

“天哪，你说真的？！”我得意地笑了，钛将成为大生意。

在瑟卢戈的带领下，我进入了东哈萨克斯坦州一个名为乌斯季·卡缅诺戈尔斯克的军事城市。

到达目的地后，警察却迟迟不发入境签证。我只好再次申请，在当地等了一阵子，可最后还是没能申请下来。

“中村，这是需要钱的。”瑟卢戈拿着钱不知道去了哪儿，第二天便拿着签证回来了。

我作为日本人中的第1号进入了乌斯季·卡缅诺戈尔斯克。

正当此时，不料这个城市的铍工厂竟然发生了大爆炸。

铍是剧毒物质。从新闻报道中获知消息的蝶理总社打来了让我撤退的电话。

“中村，赶快回日本！这种情况没有必要留在当地！”

但是，对此我没有理会，依旧进入了当地。

铍这种矿物质一旦爆炸就会形成氧化物，接触空气后的氧化铍是没有危害的。

跟这种事情比起来，我更在乎的是眼前的宝山，所以这也是没办法的事。

◇ 先搞定一把手，是谈判的必杀技

“简直就是收容所嘛！这个只能走政治通道，不能做生意呀！”于是，我拜托瑟卢戈给我介绍当地的最高行政长官。

不管做什么都要先搞定一把手，这是谈判的必杀技。

乌斯季·卡缅诺戈尔斯克是个资源丰富的地区。俄罗斯指定这个城市为资源供给地。

在乌斯季·卡缅诺戈尔斯克的俄罗斯人很多，占了人口的6成。哈萨克人只占了3成左右。

哈萨克人在这里从事与科学技术和资源相关的简单工作，采矿、冶炼等主要技术工作者则都是俄罗斯人。

苏联把这个城市定位为要塞，优秀的俄罗斯人从20世纪初就开始往这里移民了。

我虽然进入了乌斯季·卡缅诺戈尔斯克，却完全无法接近目标：海绵钛工厂。

高高的围墙，铁丝网，周围是数量众多的军队。我只能在工厂周围看看，根本没有用。

“简直就是收容所嘛！这个只能走政治通道，不能做生意呀！”于是，我拜托瑟卢戈给我介绍当地的最高行政长官。

不管做什么都要先搞定一把手，这是谈判的必杀技。

不久，瑟卢戈就把奥马洛夫长官介绍给了我。

我频繁出入奥马洛夫那里，每次去的时候都会赠送日本的特产，关系日渐亲密起来。在吃饭喝酒之余，也渐渐略微涉及情报信息。不久就了解到了重要的信息。

我的目标海绵钛工厂的厂长是奥马洛夫的同窗。我请奥马洛夫把厂长夏耶夫梅图布介绍给了我。

我立刻见到了夏耶夫梅图布，请求他把海绵钛卖给我。

可惜，当时哈萨克斯坦还是苏联的属地。

联邦对外贸易部对进出口制定了严格的管理制度，他说工厂的厂长是没有决定权的。

不过夏耶夫梅图布厂长利用自己的上司，为我牵上了莫斯科对外贸易部部长这条线。

这么一番折腾下来，钛的贸易才终于可以开始了。

100日元的巧克力和曲奇饼带来珍贵情报

◇ 糖果点心成为谈判的秘密武器

做起生意来，总有各种各样的窍门。而作为谈判的窍门，我总是带些日本的糖果点心和文具之类的作为特产赠送。

奥马洛夫长官又为我一一介绍了铀工厂、钽工厂等的头头们。

每个工厂都拥有被称为达恰[1]的别墅。

6—9月间的夏季，在美丽的自然环境中发展友好关系、互通有

[1] 达恰：指具有俄罗斯建筑特色的乡间小屋。

无。一天里喝着伏特加，彼此都致力于编织商业人脉关系网。

一把手的厂长大都比较跋扈，二把手、三把手的中层管理人员因为工作的压力，几乎都有酒精中毒的症状。不过，就连这样的人都和我成为了朋友，工厂的各种信息情报就此到手了。

因为面对的是风险比较高的国家，所以这种做法能够一边把风险降到最低，一边发展。

钛工厂的生意发展起来了，和最高层的严峻谈判还在继续着，与工作现场级别的技术人员、物流负责人等的谈判也同时在进行着。

做起生意来，总有各种各样的窍门。而作为谈判的窍门，我总

我将从日本带来的巧克力和曲奇饼干送给谈判对方的工作人员。

是带些日本的糖果点心和文具之类的作为特产赠送。

不过，这些并不是什么高级货，就是超市里卖的100日元左右的巧克力或曲奇之类的。这样的东西作为礼物送给工作现场的人们相当讨喜。

“这是给您家里小孩带的特产，请收下。”于是，家里的小孩子们高兴，工作现场的大人们心情也好。

这样下来，慢慢地我们就成为了朋友，企业的秘密也一点一点泄露给了我。

为了尽量降低风险，工作现场技术人员提供的情报是必要的。

我出差一趟的话，会尽量在目标生意的所在地滞留一周的时间。

为了达成目的，就有必要送些相应的糖果点心、文具、漫画、动画、DVD等作为礼物。

另一个需要特别注意的是，了解对方的文化，也就是共鸣。

民族历史、种族构成，如果不了解这些因素构成的背景所产生的微妙距离感的话，是没有办法做生意的。

比如说，就算相同的民族，由于血缘和地缘等的不同也会结成不同的团体，所以不能通力合作，政治和经济为此盘根错节互相缠绕。

如果不对这些背景做深入了解的话，中亚的生意做起来就艰难了。

日本的大公司大商社也曾多次到过中亚，但那里人与人之间的关系构筑得无隙可乘，只是以钱为目标和勾结政府的开发援助机构做生意，进行得也不顺利。

◇ 比商业才能更重要的事

比起商业才干来，人格的魅力、诗人般的知识和语言，以及智慧都是必须具备的，否则和高层之间的交往就不可能顺利。

在我进入秘密军事城市，生意即将大功告成之际，蝶理的社长决定造访当地。

当地以最高行政长官为首，市长、工厂厂长等主要人物全员列席，为社长举行了盛大的宴会。

宴会在名为“财产湖”的大湖畔举行。

财产湖的名字真是有些不可思议，它的意思与日本的“财产”一词是一样的。在财产湖垂钓，就连开高健[1]在北海道搏斗过的“幽灵鱼伊富”，在傻乎乎爱上钩的状态下，多少也被钓了一些上来。因为没人在这里钓鱼的缘故，所以能够钓到不少大鱼和珍贵的鱼类。

大家从数日之前就开始进行财产湖宴会的准备了，我们一行人从乌斯季·卡缅诺戈尔斯克乘坐军用直升机前往。一架直升机能够乘坐十几个人，那次出动了4~5架。

[1] 开高健（1930—1989年）：日本小说家。他的不少小说以国际问题为题材，因此在日本国内有“国际作家”之称。1960年，开高健曾作为日本作家代表团成员访问我国，对我国人民充满友好情谊。

我们与谈判对手在野外的毡帐里喝伏特加。

从日本来的蝶理公司的人有6~7位，当地的有关人员6~7位，哈萨克斯坦的大人物有20位左右，在当地为我们安排宴会的还有20人左右，加起来就是总数50~60人的大型宴会了。我们在野外支起了几个纯白的毡帐[1]。

总之，就是一起喝伏特加。

[1] 毡帐：游牧民族的移动式住房。

在这种场合，能喝酒的人就会被尊敬，所以大家都纵情畅饮。我喝了两瓶伏特加，当时蝶理的社长喝得比我还多。作为翻译随行的蝶理职员一个个都喝趴下了，只有我和社长还幸存着没有倒下。

我被邀请发表感言，于是兴致高昂地完成了任务。

在中亚，致辞是具有重要含义的。

述说自己本性之丰富，给予对方共鸣的感受，在一起做生意的层面上，是非常重要的。

所以，比起商业才干来，人格的魅力、诗人般的知识和语言，以及智慧都是必须具备的，否则和高层之间的交往就不可能顺利。

这一地带是大草原，远处就是天山北麓，财产湖闪耀着蓝色的波光。

此情此景，正当跨越历史，在共有的美好时光中陶醉一番。

有位名叫阿拜·库南巴耶夫的哈萨克诗人，用一种叫做二胡的乐器和着他的诗载歌载舞。

闭上眼睛，感觉我们自己仿佛就是丝绸之路上的商队。

夜幕降临，纯白的绢制毡帐浮现在月光中，满天繁星熠熠生辉。

Chapter 3
第三章

为了30年后的安逸，不断积累经验和培养洞察力

任何人的起步都是一样的，只能一步一步地挑战下去。

所以，不要想不开，最好是能够自己认清事实，摆正位置。

这一次摆正了位置，下一次就能干脆地正视自己了。

海外流浪，比钱更重要的是“ODA”

◇ 不理总社的判断，当场决定75亿日元的交易！

这次投机获得了巨大的成功。但投机并非赌博，而是要充分发挥洞察力，把赌博那种“非黑即白”的冒险因素降到最低。投机是规避风险的策略。特别是具备洞察力和责任感的专业商务人士进行的投机行为，更是把规避风险这一要素做到最大化。

不管什么时候我都不会逃避，总是积极地致力于稀有金属的开发工作。其中巨大的成功是取得了哈萨克斯坦的海绵钛的交易合同。

我在中亚处理海绵钛历时4年，为了能够在1997年确定签约，我和之前说到过的那位夏耶夫梅图布厂长进行了面谈。

当时，海绵钛被用作高尔夫俱乐部的材料，然后又传出了会发展到军需方面的传言，因此市场急剧扩大，欧美市场的行情一路水涨船高。我判断这一行情也必然波及日本。

“一旦控制住这里，钛进口就不成问题了。”作出这种判断的我一下子就订下了8000吨，75亿日元的合同。

我们之前曾购买过一次海绵钛，大约是1000吨，6亿日元左右的生意，所以这次的交易金额是通常的10倍以上。而且，并没有获得社长和副社长的许可。

在中亚偏僻的乡村里和日本联络的方法有限，而我在当地只能逗留三天时间，所以没有和总社逐一往来细细商议的时间。

于是，我当场就根据自己的判断立刻决定了75亿日元的交易。

不过，这并不是听天由命的冒险赌博。

我是运用自己所掌握的知识经过通盘考虑的。我把各种可能性都在笔记本上列出，图表化后预测其中存在的各种风险、可控市场的份额，按照自己的做法进行了推测。

“目前的客户可以消化掉合约总量的7成，剩下的3成根据今后的需求可以待价而沽。”我果断地决定了这笔交易，在合约书上签了字。

这次投机获得了巨大的成功。但投机并非赌博，而是要充分发挥洞察力，把赌博那种“非黑即白”的冒险因素降到最低。投机是规避风险的策略。特别是具备洞察力和责任感的专业商务人士进行的投机行为，更是把规避风险这一要素做到最大化。

结果，正如我所预料的，市场行情节节看涨，仅仅我一个人就为公司带来了7亿~8亿日元的利益。

但由于做法过于超越常规，我在公司内遭到了恶评。

某职员相当轻蔑地说："那家伙就是个断了线的风筝。"但社长维护我说："他作出了合理的判断，只是做法上有点儿出格。"更有人说："要是缺了这么一个男人的话，公司可就发展不了了，不过要是有十个中村君的话公司就要破产了吧。"

◇ 比金钱更必需的是"ODA"

流浪之旅的必需品不是金钱，而是"ODA"。

虽然也简称"ODA"，但是这里并非指"政府开发援助（Official Development Assistance）"，而是"OSHI（魄力）、DOKYOU（勇气）、ASOBI（时间）"。

对于投机行为来说，洞察力是必不可少的。

我的洞察力是在"放浪啃老族"期间培养出来的。

我外出去流浪的时候，日本的经济环境不像现在这么富裕，一般去国外也就带上500美元的现金。

那是1美元=360日元的年代，也就是说，那相当于18万日元。不过，我还没有准备这么大一笔巨款的能力。

当时大学毕业刚刚参加工作的月工资大约是5万日元。所以就算单纯考虑旅费，作为正式员工，不工作3个月以上也别想存够这笔钱。

对于想立刻踏上旅途的我来说，是没有那个时间的。捏紧仅有的一点儿钱出发吧，做不花钱旅行的先锋。

但是，仅有的那点儿钱眼看着也贬值了。

在我出发3个月后的1971年8月，发生了所谓的“尼克松冲击”。

美国制定贸易赤字对策，中止了黄金和美元的兑换。美元的国际信用丧失殆尽，我持有的宝贝外汇价值一落千丈。自此以后，我对现金的信赖不复存在。

就结论而言，流浪之旅的必需品不是金钱，而是“ODA”。

虽然也简称“ODA”，但是这里并非指“政府开发援助（Official Development Assistance）”，而是“OSHI（魄力）、DOKYOU（勇气）、ASOBI（时间）”。不管自己要去哪里，以“ODA”来克服吧。

◇ 100亿日元的大生意来啦

1993年泡沫经济崩溃，我把关注力度转移到了ODA项目的方面。从事技术ODA和资源开发ODA的话，也有助于加深与对方国家之间的关系，另外每年国家还拨款2000万日元作为调查经费。

不过，也有插手真正的ODA[1]的情况。

1993年，我专心致力于ODA议案中的哈萨克斯坦第1号铁道项目。这可是100亿日元的大生意。

同时，我们作为技术ODA和MMAJ（金属矿业实业集团）一起组成了非铁研究所，并且作为资源开发ODA致力于卡拉奥托克鲁[2]矿山的资源探查。

倾力于ODA项目的理由是这样的。

1993年泡沫经济崩溃，日本进入了经济大萧条时期。我在哈萨克斯坦和日本之间往返，做着钛的生意，不过除此以外的生意都无法进行。

因此，我把关注力度转移到了ODA项目的方面。从事技术ODA和资源开发ODA的话，也有助于加深与对方国家之间的关系，另外

[1] 本书中的ODA有时指“政府开发援助”，有时为“OSHI（魄力）、DOKYOU（勇气）、ASOBI（时间）”的缩写。该小节中的ODA均指“政府开发援助”。

[2] 卡拉奥托克鲁：哈萨克斯坦中部偏北一个偏僻小镇的名字。

每年国家还拨款2000万日元作为调查经费。

只不过，在蝶理还没有人从事过这项工作，老实说这是棘手的工作。如果是在大公司大商社的话，会有专门负责这项议案的工作人员可以安排分工，但是当时在蝶理只有我一个人在干这件事。

项目定向之后，就移交给蝶理的中亚铁道项目组。

不过，毕竟是100亿日元的大事业，要做的话怎么也会有办法的。

并且，自始至终都获得了政府预算的丝绸之路ODA铁道项目取得了巨大的成功。

◇ 在亚马孙丛林夜战大白蛇

有时候，黑暗中也许会突然冲出蛇和短吻鳄。这样也没关系，我想这是上天赠与行动者的宝物，心怀感激之情领受即可，这种宝物的累积就磨砺出了洞察力。

只要向前踏出一步，人生就会切实地发生改变，以我的经验来说这至少是正确的。

带着暂且试着做一做的积极性，我在国外期间获得了各种各样的经验。

在亚马孙漆黑的密林中，我曾经勇斗过大白蛇。

新月的夜晚，我爬上泉边的大树，等待着鹿和野猪来喝水。在树上屏住呼吸，握紧88口径的来复枪等待着。

对狩猎者来说，风向是非常重要的。自己一定要处于动物的下风处，因为动物对气味非常敏感，在它们的上风处就会立刻被察觉。

我从晚上10点钟开始蹲守，已经2小时了。周围漆黑一片。

我已经进行过为期一周时间的射击练习。

我紧紧握着怀里的手电筒和88口径的枪，就算听见“沙拉、沙拉”的声音也不能打开手电筒，否则它们会立刻逃跑。

如果过一会儿听到吧唧吧唧的喝水声，我就要打开手电筒照亮，遇到光时，动物会先确认是否安全，在刚开始喝水的时候，就算遇到光它们也不会逃走。这时候我就突然冲过去。

这种练习我一直演练了一个星期，但是身临其境一试就相当恐怖了。如果有豹子突然现身爬上树来，那我可是完全抵挡不住的。

过了一会儿，2米外的地方突然传来声音。

“沙拉、沙拉”的声音，一条巨大的白蛇突然现身了。这可真是令我大吃一惊，我“哇”的一声大叫，不假思索地扣动了扳机。

“砰、砰、砰！”3声枪响。

枪声响遍森林，好一阵子之后才再度归于寂静。

“中村，你在干吗呀？你这么干，丛林里的动物全跑到别处去了。”一起同行的狩猎师吃惊地说。

我在亚马孙丛林里开枪打大白蛇。

我在玻利维亚还捕获过短吻鳄。

如果遇到短吻鳄，就在不发出声音的情况下静悄悄地靠近。然后，对着它的眼睛突然啪地打开手电筒，让它的眼睛沐浴在亮光中。

由于短吻鳄是夜行性动物，一遇到光就会惊得变成假死状态。我们趁这个时候把小木块儿塞进它的口中，为了让它上下张不开嘴，再绑上绳索，然后再用搭帐篷的布把它的身体骨碌碌地卷起来运回家中。

不过，到了早上一看，包裹着短吻鳄的布里空空如也，被它逃跑了。家中所有人都出动去寻找，最后在院子的角落里发现了它。

“中村，用枪打死它！”

“讨厌，我可不想杀生！”

于是，当地人用枪“砰、砰、砰”连射几枪。

短吻鳄死了，可尾巴还在动着，生命力还真是顽强呀！短吻鳄身体的2/3都是尾巴，那个部位是可以食用的。为了烹调，我们把它

我将小木块塞入短吻鳄口中，以防它张开嘴。

的皮剥了下来，可是它依然在动。

午饭吃的就是短吻鳄。干炸短吻鳄的味道和炸鸡的味道是差不多的，但我总感到不安，觉得它会不会在我的嘴里动起来。

如此这般的非常经验已经融入了我的血肉之中。

前途莫测，如同亚马孙的密林深处一般漆黑。但是，如果徒然畏惧黑暗，在家中龟缩不出，就不可能改变任何现状。

所以，我带着ODA[1]的决心试着踏出了第一步。

于是，光明照进了我所认识的黑暗世界里，在那里展开了新的活动舞台。

有时候，黑暗中也许会突然冲出蛇和短吻鳄。这样也没关系，我想这是上天赠与行动者的宝物，心怀感激之情领受即可，这种宝物的累积就磨砺出了洞察力。

只要向前踏出一步，人生就会切实地发生改变，以我的经验来说这至少是正确的。

[1] ODA：此处指OSHI（魄力）、DOKYOU（勇气）、ASOBI（时间）。

拿出些许勇气，立刻打破语言壁垒

◇ 26岁进入公司，3年后便在管理部门沉寂了

当时的商社还处于过去的好时光里，一些怪人、劣等生、不良人士也被录用了，我还真是走运。

但是，进入商社3年的时间里，我都待在管理部门当腌菜。

就算是我这样的，最初工作的时候也并不是干劲儿十足的。

曾是“放浪啃老族”的我，比常人晚了4年进入社会，26岁的时候才进入了日本的主力商社蝶理。要说我为什么选择了商社的话，那大概是因为在巴西遇到了商社的精英们，被他们的威风晃花了眼。

要告别长年的贫困生活，我认为成为商社精英是一击即中的最好选择。

当时的商社还处于过去的好时光里，一些怪人、劣等生、不良人士也被录用了，我还真是走运。

但是，进入商社3年的时间里，我都待在管理部门当腌菜。

“想在国外有所建树才成为商社雇员的，可我到底在干什么呀？！”我每天都这么想。

终于，我被调入了营业部，可每天就是整理账簿和写报告，商社精英的光辉形象对我来说还是很遥远。

在处理事务性工作的空当里，我也做一些无机药品销售的工作，可这个工作也很乏味。

就算我围着无机药品的批发商们打转，也都是和年长的人谈论些酒、运动、麻将和女人之类的话题，完全没什么可学习的。

“我想谈生意上的话题呀！”我觉得自己正在发霉。

就在这时，批发商的营业人员偶然对我说：“中村君，中国盛产钨和钼，这事你知道吗？”我心想，总算是听到有意思的事情了。

而且，这正是我调查过的信息，于是便现学现卖地回答上司：“中国的钨和钼等资源相当丰富呀！这可都是钱呀！”我毫无根据地乱说。

我现学现卖，对上司说中国的钨和钼资源非常丰富。

◇ 不管怎样都要带一两单生意回去！

我在交易会现场来回奔走，觉得怎么也要带一两单生意回去！这股干劲儿一直支持着我。

1979年秋，公司决定让我参加在广州举行的交易会。

我在国外的经验虽然多，但是对在中国的所见所闻还是处处感到新鲜。

新加坡等华人文化盛行的国家我都非常了解，但是真正去中国这还是第一次。

自进入公司以来，因公出差也还是第一次，所以我当时前往中国是下了很大决心的。

对我来说，这是个千载难逢的好机会。

“在中国好好干，要争口气给大家看看！”

我在交易会现场来回奔走，觉得怎么也要带一两单生意回去！这股干劲儿一直支持着我。

◇ 每天过得像打仗一样

在每天过得像打仗一样的日子里，我感觉到了前所未有的充实感。

我觉得正是这第一次国外出差，为我确定将来的大方向打下了基础。

但是，我碰到了语言方面的障碍。因为不懂商贸对象的语言，以至于无法沟通。

在蝶理的中国贸易洽谈室里，同事们的中文都很熟练，但他们要为专门同行而来的客户充当翻译，不可能为初出茅庐的我做翻译。我作为一个平平常常的小职员，也当然不会有人来帮我翻译。

“这样看来，只有用英语了！”

当时中国公司的负责人里面，英语好的人还很少，不过好在时间充裕，我们还是获得了交流。

语言的障碍，拿出时间和一点儿勇气就能立刻克服掉。

这是我在做“放浪啃老族”的期间学习到的。我如鱼得水地在会场中四处奔走，那是实实在在有奔头的日子。

和中国人一起参加宴会，也是第一次经验。

我第一次喝了茅台酒，是非常辛辣有劲儿的酒，我也像大家一

我和几名中国客户一起喝茅台酒。

样嚷着："干杯！"一口气喝下去，不过刚开始时还是卡在嗓子里咽不下去。

"干杯！""干杯！"连续几杯下肚，直喝到酩酊大醉。

睡眠时间每天只有3小时左右，交易会结束后我立刻就联系了公司，每天继续和日本的客户们交换意见。

在每天过得像打仗一样的日子里，我感觉到了前所未有的充实感。

我觉得正是这第一次国外出差，为我确定将来的大方向打下了基础。

这时，我也第一次做成了生意，是钨的买卖，交易量只有区区5吨。现如今以20吨为单位，最少也要10个集装箱以上才算正常，仅仅5吨的买卖实在算不了什么，但这对我来说却是最初的起步，在合同书上签字的时候，我的手止不住地颤抖。

◇ 洒泪面对第一次索赔

所谓的商务交易，就是和重信用的对方一起把诚信作为主旨，共同推进合作的哲学。

虽然后来，这桩钨的买卖造成了一桩大的赔偿，但结果也成就了我的自信。

从中国运来的大铁桶中，掺杂了一些没用的废物。大铁桶坑坑洼洼的，里面掺杂着塑料、纸屑、线头和木片等，甚至连碎砖头都有。

客户非常愤怒。

我被威风凛凛的工厂厂长叫出来，足足教训了2个多小时，这是我有生以来第一次经历这样的事，不由得哭了出来。

不过，就算垂头丧气也于事无补。我下定决心要竭尽全力解决问题。我俯身低首、诚心诚意地经常往该厂跑，直到取得了对方的

我的第一单生意出了问题，被客户训哭。

谅解。不知道是不是我毫不辩解地听厂长训话起了效果，厂长对我青眼有加，又追加了同样数额的合同。

这件事情是由我自己一个人解决的，由此大大增强了我的自信心。

“不可忘记初衷。”我时刻铭记在心，但和中国贸易的黎明期就是和索赔斗争的过程。坦率地讲，就是没有不索赔的买卖。那个时候的中国贸易是较差的。

因为刚刚步入市场经济，那时中国工厂的品质管理还非常马虎，因此事故频发，并常引起索赔。在解决那些索赔事件的过程中我也学习到了不少经验。

所谓的商务交易，就是和重信用的对方一起把诚信作为主旨，共同推进合作的哲学。

早受挫折会更好

◇ **若终究是要低头的，那就不如自己先低头吧**

最要不得的是，在低头承认事实时犹犹豫豫，在恶劣的环境中烦恼不已，责备自己，责备别人，拖拖拉拉的，距离解决问题的方法就越来越远。

利落地认清事实，就能把自己的优点和缺点看个通透。

人活着，就要识时务。

遇到问题的时候，喝口凉水都塞牙。就算费尽心力、使尽手段，也依然不顺畅，直至进入丧失自信的状态。

我进入商社的时候是26岁。

初进蝶理商社，周围净是些不落俗套的人。当时的人事部长似乎偏爱挑选这一类型的人才。

那时候的蝶理，在所有商社中人气排名第四。

老实说，我的第一志愿其实是伊藤忠商社，而且该商社已经作出了内定的决定，之后只是走走形式上的最终面试和出席公司的内定入职仪式。我在大学是研究木材资源的，因为有过在巴西生活的经验，所以被伊藤忠商社的木材部内定了，说是我入职后一年内会被派往巴西。

年轻时，我被“蝶理”和“伊藤忠”两家公司同时选中，犹豫着到底要进哪家。

同时，我也接到了蝶理的内定通知。

到底要进哪家商社呢？我一直难以决定，就这样晃到了内定入职仪式的当日。

两家商社的内定入职仪式定在了同一天举行，而且会场距离还很近。我最初是先到伊藤忠商社的内定入职仪式会场的，但却没有进去，而是考虑了5分钟左右。

然后，我最终决定选择踏上艰辛之路。

蝶理在人气方面占据上风，但是在公司规模上，伊藤忠商社是它的近10倍。客观来看，伊藤忠商社是比较安稳的。

不过，我对蝶理的人事部长很是中意，尤其是他说的“你想做什么都行”这句话太有魅力了。这个选择，至今我都认为是正确的。

虽然说了“你想做什么都行”，实际上却是什么都不能做。

我比其他人晚了整整4年进入社会。虽然痴长了年纪，工作却不行，常被比我年轻的前辈说：“中村干工作可不行呀！”

可我也是有自尊心的，所以就在心中暗骂：“说什么呢？垃圾！”

不过，当烦恼到满不在乎之际，便瞬间顿悟了。

“是呀，我确实就像他们说的呀。”

就这样，自己先在心里低头承认事实吧。

最要不得的是，在低头承认事实时犹犹豫豫，在恶劣的环境中烦恼不已，责备自己，责备别人，拖拖拉拉的，距离解决问题的方法就越来越远。

利落地认清事实，就能把自己的优点和缺点看个通透。

“做好了希望被重视的准备，事实上在工作方面的确还是不行。”

如果被耍弄了，就会出现“去他妈的”这种非理智的感情。

于是，就被感情蒙蔽了事实，而看不清真相了。

我知道自己在工作方面还不行，但却不愿意承认这是事实。其实，接受自己工作能力不强的事实，坦诚地学习也就是了。

只是，虽然有了那样的认识，我心下却暗想：“只要过得个一两年，就让你成为我的部下。”那股不服输的劲儿是绝对不能丢弃的。

每个人的身上并不都是优点，谁都有不足的地方。

在挑战什么的时候，我们总会兴起一些“算了吧”“放弃吧”“逃避吧”这类不坚定的想法。每当这个时候，一定要想办法克服这种软弱的心理。

为此，一定要亮出自己，勇于超越。那个时候，我第一次，相信自己的能力能够发挥出来。

◇ 这一次摆正了位置，下一次就能正视自己

任何人的起步都是一样的，只能一步一步地挑战下去。

所以，不要想不开，最好是能够自己认清事实，摆正位置。

这一次摆正了位置，下一次就能干脆地正视自己了。

世间有的人是经不起挫折的，这样的人在面对挫折时反应迟钝。

虽说尽早受些挫折就好了，但他们往往为了不受挫折而选择逃避，所以他们也无法磨砺出与挫折相关的经验。他们从不会全力以赴，就算认真也没有个认真的样子，做任何事情都是浅尝辄止。

比如，喜欢上一个女人。可是，如果告白的话看起来有可能会被拒绝。事情真到了那一步，自己可是会受伤的，于是就将这段爱情扼杀在摇篮里，把关系处理成介乎于友人与恋人之间的状态，力求维持现状。如此一来，自己不会受到伤害，事情就过去了，当然也不会受到挫折。

不想受伤害，想逃避，自己也清楚地知道这是想方设法自欺欺人的心理。

这个时候，想象一下自己将来的样子就好。试着想象自己成为真正的专业人士的样子。

所谓的专业人士，指的就是“其余人等难以替代的人”。也就是说，如果这个人不在的话，整个机构团体都会为之困扰。

不过，现在的你，能代替的人也许要多少有多少。

任何人的起步都是一样的，只能一步一步地挑战下去。

所以，不要想不开，最好是能够自己认清事实，摆正位置。

这一次摆正了位置，下一次就能干脆地正视自己了。

如果失败了，
就把损失的部分加倍赚回来

◇ 净亏损1.8亿日元！准备辞呈吧！

不管遇到怎样的失败或挫折，能够接受自己命运的人，最终都能取得胜利。

有一句谚语说：“祸兮福之所倚，福兮祸之所伏。”把厄运来临看做寻常事的话，心情就会轻松很多。基本上你要是觉得一切顺利的时候，那就应该快碰壁了。因为一直期待的都是好日子，一旦跌落困境，就会觉得“事情不该这样”而苦恼不堪。

实际上，不管遇到怎样的失败或挫折，能够接受自己命运的人，最终都能取得胜利。不管是怎样的失败或挫折，其中也自有乐趣可言！这种变通的精神也是非常重要的。

只要采取行动，就有招致失败的可能。在剑拔弩张的商场上赌胜负，偶尔的失手也是有的。所以，就算锋芒暂时受挫也无须介怀，失败了把损失的部分加倍赚回来就好了。

无论何时，我都愿拼上性命继续决一胜负。胆量就这样被锻炼出来了。

要说非常失败的经验，我可是数不胜数，简直就是个“失败百货店”。

最深刻的回忆是关于大阪一个有名的石油商人泉井纯一的。

当时石油业者之间出现了倒卖事件，事情甚至发展到了三菱石油和三井矿山对簿公堂的地步。

当时的我，正兼任蝶理石油部的部长，必须拼命想办法解决这个部门业绩不佳的问题。

经泉井氏的介绍，蝶理也介入了石油倒卖的事件中，转眼间交易额就上涨到了7.8亿日元，正在此时，有的客户却突然破产倒闭了。

6亿日元总算是收回来了，但1.8亿日元成了不良贷款，全部亏损。

我意识到自己应负的责任，准备了辞呈。

◇ 得益于二人的“大丈夫气概”，获九死一生之转机

社长是为这个不赚钱的材料制造厂辛苦打拼过的人，也曾跌倒了再爬起来地苦干过。他有一种“不想给客户添麻烦”的精神。

不过，出人意料的是，在票据结算两天后，泉井氏汇入了我认为不会再被汇进来的1.8亿日元，真是得他仗义相助了。

后来，同样的事情又发生了一次。依然是我在蝶理工作期间，我们代理出口某个公司的活动钢管（不锈钢制的弯曲的管子，用于洗手间和下水道等处）。可是，那家公司运气实在不好，竟然破产倒闭了。

我在10日前就支付了商品货款，却一直没有收到货物。

“这可糟了！”我想。我立刻飞奔到该公司。

该公司社长是个历尽沧桑的人。当时，我40岁，那位社长45~46岁。

“到底怎么啦？什么情况？”

“中村先生，我晚上都没睡呀！前天开出的票据还没结算，讨债的人纷纷上门了，为了应付这些事一直都没睡呀！”

财产管理人已经入驻了，公司周围停着凯迪拉克，黑道上的人转来转去。即便如此我也不能放弃。

“您要是辞职的话，我的麻烦可就大了，所以拜托您了。只要帮助我们公司解决现在被卷进去的部分就帮了大忙了。这并不是什么要

命的事情，所以拜托了。”社长沉吟了半响，终于拿出了男儿气概。

“这样的话，我们晚上见吧。明天晚上10点，你派车来。”其实，还有藏着的库存。

然后，就是这个人把货物从仓库的后门运出来，他对我说：“中村先生，请您收好。”

托他的福，这次并没有造成太大的损失。

社长是为这个不赚钱的材料制造厂辛苦打拼过的人，也曾跌倒了再爬起来地苦干过。他有一种“不想给客户添麻烦”的精神。

对于辛苦为自己销售商品的客户，绝不能恩将仇报，于是他在

面临倒闭的合作公司社长冒着被报复的危险将货物从仓库后门运出来交给我。

财产管理人和黑道人的眼皮底下为我偷出了货物。

如果暴露了的话，说不定会被黑道上的人整个半死不活吧。

而我，则再次被合作伙伴的男儿义气给救了。

◇ 一边顽强忍受来自三大商社的闲气，一边不屈不挠地继续向前

做生意是需要通过多次谈判来了解彼此心意的，所以我认为再严峻的谈判也是可以有让步的。就算有其他的商社来加以阻挠，因为想和中国继续交易的热情，我也克服了至今的种种障碍，反而增强了自信心。

废蜜（モラセス Molasses）的生意也失败了。所谓的废蜜，就是废糖蜜，是从糖蜜中提取完砂糖之后的剩余物质，可以作为原料添加进烧酒和化学调味品中。

那个时候，废蜜全部被三菱商事、三井物产、丸红，即所谓的“3M”[1]所控制。

[1] 3M：取三菱（みつびしMITSUBISHI）、三井（みつい MITSUI）、丸红（まるべに MARUBENI）的日文读音拉丁文首字母，合称“3M”。

“只是在局外一动不动地旁观，坐失良机可就太没意思了！”这么琢磨着的我，和旭化成[1]的采购部课长一起，计划结成第四个处理废蜜的团队。

3M都是从菲律宾和泰国进口废蜜，所以我考虑从中国的福建省进货。

不过，难度还是相当高的。我们要从一条名叫闽江的河里用船把废蜜运出来，但是闽江涨潮和退潮时的水位相差3米多，而且旋涡激荡，水流湍急。

我们在那里准备了两艘船，其中一艘是可以在浅滩航行的船，能够靠上河岸，从那里用泵把废蜜抽到主船上。还真是个费劲的法子。

幸好我是那种越遇到困难就越兴奋的性格。肾上腺素喷薄而出，“总会有办法的！”我燃起了一定要解决问题的热情。这个时候，交割上的一些难题也总算被攻克了。

交割问题算是解决了，但却再也瞒不住至今独占废蜜市场的3M了。

如蝶理般的小商社竟然入侵了3M的商业地盘，而且负责人是个30岁左右的小子，对于砂糖还完全是个外行，中国的废蜜被投放进了日本的砂糖市场，所有的事情似乎都令3M咽不下这口气。

于是，纠缠不清的怄气就开始了。

三井物产废蜜方面的负责人，是出身于早稻田大学橄榄球部

[1] 旭化成：全称“旭化成株式会社”，是日本化工业的龙头企业。

的，有时就说些“整个一外行，不知道天高地厚”，或者“连小鬼都能处理的砂糖不可能是甜的”之类的话。也有被他像玩橄榄球似的按住头部的情形发生。

针对蝶理，他们还搬出了政治家来施加压力：“立刻收手！”

即便如此，我也干劲儿十足：“这是到目前为止都没人做过的事，我一定要把进口中国废蜜的生意做成功！”然后，不只是旭化成，连协和发酵[1]也开始介入废蜜的生意。

不过，因为协和发酵是一家和三井物产关系深厚的公司，所以我们再次收到了来自三井物产表达的不满。为了履行和协和发酵之间的合约，我们正打算出船，三井物产却把所有的船只都控制住了，以至于出现了无船可出的情形。

就算这样，我也要使这项事业成功，为蝶理的利益作出贡献。

第一次生意成功的时候，作为福建省废蜜的销售商，糖业公司的施先生和黄先生举办了庆功会，在宴会上我们互相拥抱，喜极而泣。

白酒醉人的方式是日本人难以预料的。有的时候一下子就能让你酩酊大醉，失去自控能力。

在那之后，废蜜在国际市场上的景况却陷于低迷，立刻危及到

[1] 协和发酵：全称“协和发酵工业株式会社”，是世界上第一家利用发酵技术成功实现氨基酸工业化生产的公司。

我们跟中国之间的交易存续。

因为那个糖业公司是国营企业，所以对于和我继续交易感到很吃力。而对我这边来说，因为必须为旭化成和协和发酵等客户提供稳定的废蜜供给，也不得不使商谈变得迫切起来。

做生意是需要通过多次谈判来了解彼此心意的，所以我认为再严峻的谈判也是可以有让步的。就算有其他的商社来加以阻挠，因为想和中国继续交易的热情，我也克服了至今的种种障碍，反而增强了自信心。

我还接下了旭化成委托的全权谈判，也准备好了有利的谈判材料出席谈判。

经过历时两天的谈判，对方公司内部的意见分成了两派，而我洞察到其中难以调和的矛盾。

“不管怎样，这次只要能继续维持下去就行。”我暗暗下了决定。

没有利益，想收支平衡都困难。可就这么算了的话，将导致来年的交易难以继续，于是我请求上调消费方的结算价格。

为了来年能够继续维持交易关系，就算只是最低限度的数量，也要以亏损价格接下来。但就算做到了如此地步的让步，最终谈判还是以破裂告终了。

虽然，对方公司能够理解我的说法，但来自各方面的压力还是导致了谈判的破裂。

最后的夜晚，对方公司为我安排了宴会，但不像一般谈判破裂时的宴会那样，其中并没有什么无聊乏味的内容。

仿佛受了蛊惑般喝下了白酒。有了醉意的我想："今后到福建省来的时候也少了。沮丧的经销商那失望的脸将在我眼前晃来晃去的，所以应该不会再来了吧。"经历过的种种事情涌上心头，突然就落下泪来。施先生和黄先生都很担心我，而我的心情就像咀嚼了沙子一般苦涩。

到此为止，我们和福建省的废蜜交易落下了帷幕。

第二年，糖业公司提出了想重新开始的提议，不过并没有再开始。

自那时起，10年以后，因为稀有金属的工作，我有机会再次造访福州。

施先生因为生病和年事已高，没能和我见面，而黄先生则以总经理的成功姿态和我相见了。彼此心头都有复杂的感想掠过。

◇ 在异乡听萨克斯，毫无缘由地潸然泪下

每当心里空荡荡的时候，我就会想起我在"放浪啃老族"时期，衣衫褴褛地蹲在纽约摩天大楼下听萨克斯的往事。

然后告诉自己，无论经历什么样的失败，都不是什么要命的事，一切皆可从头再来。

突然，我想起了戴克斯特·戈登（Dexter Gordon）。

戴克斯特·戈登是美国著名的爵士萨克斯演奏家。对我来说，他在存在感这一点上，比起同为爵士萨克斯演奏家的Sonny Rollins（桑尼·罗林斯）和 John Coltrane（约翰·克特兰）来，给人的印象更为深刻。他虽然倾情主演了电影*Round Midnight*（午夜旋律），但如果你真的是个爵士萨克斯迷的话，就会为他的纯粹演奏而流泪。他在演奏中会引用不同曲目的某个部分，或其他艺术家的独奏片段，还热衷于在动感十足的摇摆乐及震撼人心的叙事曲中添加即兴演奏。听众无不为他超凡脱俗的演奏倾心不已。

“放浪啃老族”时期，我在纽约的华盛顿广场附近的Greenwich Village[1]寻找安营扎寨的地点。

流浪者过的就是每天都要考虑今晚住哪里的日子。转移地点就靠搭免费车。有的是光阴可以挥霍，无奈就是没有钱。因为我一天的生活费只有5美元，所以吃一个汉堡就没了。没有酒店住宿费，就只能在别人家打地铺。

我在Greenwich Village转来转去，又来到一个名叫Village Vanguard的著名俱乐部门前。旋即听到门里飘出了萨克斯音乐的声音，那是戴克斯特·戈登演奏的或豪迈奔放或细腻婉转的次中音萨克斯。

1971年夏天，我去了挪威的莫尔德国际爵士音乐节，在那里有

[1] Greenwich Village：现称East Village，在纽约曼哈顿东南部。

幸再次听到了戴克斯特·戈登演奏的次中音萨克斯。

真希望能进俱乐部里面去听演奏。但我想入场券大约要30美元，这对一天只有5美元生活费的我来说，可谓是笔巨款，30美元实在太贵了！

而且又遇到了猛烈的寒流来袭。

我在路边卖二手货的地方，买了件陆军大衣紧紧地裹在身上。然后，蹲伏在Village Vanguard的门口，就这样听着Dexter Gordon的次中音萨克斯演奏。

眼泪毫无缘由地流了下来。

年轻时，我曾蹲在纽约的摩天大楼门口，听里面传出的萨克斯演奏。

这时候的演奏，并没有印象中那样的即兴表演。只是眼泪就那么流了下来。

那是在曼哈顿中孤独的自己，对于自己前途未明的不安的眼泪。

纽约，就我所知，没有比这里更肮脏、更杂乱无章的城市，一个没有未来、没有希望、令人疲惫的地方。许多流浪者好不容易来到这里，又漂泊而去了。

每当心里空荡荡的时候，我就会想起我在“放浪啃老族”时期，衣衫褴褛地蹲在纽约摩天大楼下听萨克斯的往事。

然后告诉自己，无论经历什么样的失败，都不是什么要命的事，一切皆可从头再来。

Chapter 4
第四章

最有价值的信息，来自于环游世界的旅途中

任何事情，都必须用自己的眼睛去确定。通过媒体获得的资讯和现场的真实情况是不能画等号的。

不了解他国文化的家伙注定失败

◇ 厚颜无耻地走进当地人家中

大量的稀有金属就沉睡在蒙古国，但因为多方面的原因，到目前还没有被开发出来。

蒙古国的矿山开发虽然现在还只限于圈定的范围，但可以说是未来的资源大国。

2007年，我去了蒙古国。

我的目标是钼。钼混入不锈钢中能增强耐久性，所以可以用于厨房的洗碗池等处。

车子在蒙古的草原上奔驰。

大量的稀有金属就沉睡在蒙古国，但因为多方面的原因，到目前还没有被开发出来。

蒙古国的矿山开发虽然现在还只限于圈定的范围，但可以说是未来的资源大国。

走呀，走呀，始终没有找到酒店。

因此，我只能请求在当地游牧民族的帐篷中留宿了。

看到牧民的影子，我下了车，走近他们。

“我能进去吗？”

突如其来的陌生人拜访，令这家人有些踌躇而不知所措，但我还是厚着脸皮挤了进去。

我把糖果、点心作为送给孩子的礼物，酒则送给了这家的主人。说话的工夫，彼此就融洽起来了，1小时后，附近的人们就都聚集了过来，欢迎宴会开始了。

在宴会中，唱歌当然是必不可少的。

他们唱的是蒙古民谣，我唱的则是索郎节[1]和黑田节[2]等日本民谣。

[1] 索郎节：**ソーラン節**。北海道渡岛半岛的民谣，多半为渔歌，与当地的渔民生活有关。

[2] 黑田节：黑田節。日本福冈县福冈市的民谣，与黑田武士有关。

在蒙古国，我为当地人演唱《樱花之歌》。

在吉尔吉斯斯坦，我找到帐篷的时候，也是以一句“хороший”[1]来拉近彼此间距离的。

“我是日本人，可以让我参观一下您的家吗？”

帐篷里有很多这个家族的成员，1小时后，宴会就开始了。

这个时候，我唱起了《樱花之歌》，聚拢来的当地人兴高采烈

[1] хроший：俄语“真棒”的意思。

地拍手应和着我。这是我40年来在世界各地飞来飞去的惯常做法。那天就在帐篷里过夜了。

◇ 最能抓住当地人心的是该国民谣

我自己并没有学习过外国文化，什么都不懂，但是我认为，音乐是促进人和人之间相互了解最有效的方法。

在旅途中，要了解某个民族的心理，倾听那个国家的民谣是最有效的。

我在出去流浪以前，曾经认为日本虽然有演歌一类土得掉渣的东西，但这才是独一无二的日本，西洋文化是被其他一切文化洗练过的高雅玩意。

不过，这可真是个天大的误解。

由黑人圣歌（Spirituals）发展而来的布鲁斯（Blues）、安地斯（Andes）的佛卢库咯勒（Olklore）[1]、巴西的修咯（Choro）、葡萄牙哀伤悲恸名为法朵（Fado，或称西班牙怨曲）的歌曲，还有保

[1] 佛卢库咯勒（Olklore）：一种南美音乐。

加利亚的民谣、爱尔兰和俄罗斯的民谣都很棒。印度和韩国演歌，以及蒙古国的呼麦[1]里则融入了恨节[2]。

只要研究民谣就会发现，它仿佛是把人类的情感榨取提炼过了一般，悲伤、愤怒、痛苦等所有一切的感情都被凝聚起来了。就算语言不通也没关系。是哀愁吗？是跳动的心对于悲伤的呐喊吗？是有着某种恨意吗？如此种种的感情都会融入歌谣里，并通过它传达出去。

我自己并没有学习过外国文化，什么都不懂，但是我认为，音乐是促进人和人之间相互了解最有效的方法。

就在最近，我因为稀有金属的事情去了趟格鲁吉亚。我乘坐的车子奔驰在纵贯格鲁吉亚的军用道路上，路上听到了一个名叫妮娜·迄海泽的人的歌声。这个人也可以说是格鲁吉亚的美空云雀[3]，一位国民歌手。

我听了几首歌，就觉得每首歌都差不多。恐怕外国人在听日本的演歌的时候，听上去也都觉得差不多吧。

但是，听着听着，不知不觉间气息与之相合，渐渐就明白了音乐中所包含的情感。在妮娜·迄海泽的歌声中，我的胸口也热了起来。

[1] 呼麦：图瓦文xoomei的中文音译。一种喉音唱法，我国的蒙古族也有这种音乐形式。

[2] 恨节：一种由充满怨恨的歌词与沉闷的曲调组成的音乐形式。

[3] 美空云雀：日本著名演歌歌手，原名“加藤和枝”，是第一位被日本首相授予国民荣誉奖的女性。

音乐的非凡之处，就在于它是可以超越国界，使人心意相通的方式之一。

而且，如果你听了音乐，就会知道无论是哪个国家，在其社会底层都有无数人在哭泣。

我在听着蒙古民谣的同时，一直思考着这个问题：

“观察大众的生活，发现共有的价值观，那就是生意买卖的起点。”

所以，如果到外国去的话，我都会尽可能地请求在当地人家中暂住。

要说为什么的话，那是因为我想了解这个城市的文化，了解这里的人们都过着什么样的生活。所以，我几乎是硬挤进别人家里暂住的。

在和对手谈判的时候，也必须对对手有所了解。如果和外国人谈判，却用日本人的想法模式，肯定是没有获胜希望的。

不能理解这个国家的文化背景，就没办法和该国的人做生意。这是40年来浪迹世界各地的我最深刻的体会。

◇ 真正的旅行是解放心灵的自由

“为什么要踏上流浪的旅途呢？”

“我想周游世界，增广见闻。”我这样回答道。

“闭上眼睛的话，你可以到达任何地方。真正的旅行，是解放心灵的自由。”大师如此教导我。

提起我的流浪生活，因为那时候我一天的生活预算不能高于5美元，住不起酒店，所以我会搜索散居在各国能招待我寄宿的日本人，事先写信与人家联系，然后寄居在别人家。这是很自然的事。

在巴西的马瑙斯[1]，我寄居在一位前田先生的家里。

我去巴西最大的目的，是拍摄蜿蜒起伏的亚马孙河，和蔓延在它周围的原始森林的照片。

前田先生的弟弟是做冰箱修理业的，哥哥娶了一位巴西妻子，已经有了两个孩子：6岁左右的儿子宗雄君和3岁左右的小女儿多美子（也被昵称为多美小猫咪）。我就在这里毫不客气地做起了精明的食客。

马瑙斯的食客生活的确过得很充实。

首先，是经前田先生的朋友垣添先生的介绍去了趟农业研究所，晚上又被招呼参加了前田先生的朋友的结婚仪式，和日本人一起喝酒唱歌到很晚。

前田先生还对我说起，他想把金属电镀技术从日本引进巴西。

“日本人在各种各样的地方打算着生活下去呢。”深切的感动泛上心头。

在圣保罗，我寄居在东本愿寺别院住持大谷畅庆大师那里。

那时我从亚马孙返回圣保罗，没有了投宿的地方。在走投无路

[1] 马瑙斯：葡萄牙语“Manaus”的音译。

的情况下，我想起了亲戚的介绍："要是遇到为难的事情，就去那里吧。"于是我造访了亲戚介绍的圣保罗东本愿寺别院。

大师很快就接纳了我，每天一边下围棋，一边为我讲经说法，还经常聊聊大谷探险队的故事。

大谷探险队，就是20世纪初净土真宗本愿寺第22代法王大谷光瑞派往中亚的学术探险队，为研究丝绸之路作出过杰出的贡献。实际上，大师也是队员之一。

"为什么要踏上流浪的旅途呢？"

"我想周游世界，增广见闻。"我这样回答道。

与大谷畅庆大师的谈话成为我日后的宝贵财富。

“闭上眼睛的话，你可以到达任何地方。真正的旅行，是解放心灵的自由。”大师如此教导我。

流浪的最后一站，我决定去印度，因为大师告诉我：“到印度去，你的灵魂会受到震撼的，能够看到真实的世界。”

在叨扰大师的日子里的一些谈话，成了我日后的宝贵财产。

至今，从书上和杂志上得到的一些知识，和我的所见所闻都完全不一样。

我所从事的事业是和资源国家做交易，所以必须要亲自去当地的矿山和冶炼工厂，否则的话工作就无法进行。并且，要在现场亲眼检验收购。

我认为，不了解对方的文化，就无法在对方国家做生意。

重视现场的沟通，这也是我在“放浪啃老族”时期学到的教训。

在桌面上东想西想出来的主意，多半会失败

◇ 情报只能来自“现场、现物、现实”三现主义

媒体和网络上刊载的资讯基本上都是过去时的内容，更没有人会特意把能够赚钱的信息到处宣扬。也就是说，这样获得的情报资讯毫无价值。

在情报资讯的来源方面，我一向只奉行“现场、现物、现实”的三现主义。

我认为来自媒体的情报资讯是不能用于商务方面的。

获取情报资讯最简单的方式，一般不外乎是来自报纸等媒体，网络检索则是最顺手的。

所以，根据报纸和网络上获得的资讯拟定企划案的情形很多。

但是，以那种形式拟定方案进行的商务活动是不会顺利的。

媒体和网络上刊载的资讯基本上都是过去时的内容，更没有人会特意把能够赚钱的信息到处宣扬。也就是说，这样获得的情报资讯毫无价值。

在情报资讯的来源方面，我一向只奉行“现场、现物、现实”的三现主义。

蒙古国东面的尽头，是苏赫·巴托尔县。

和一望无际的大草原相连的这块地方，就有钼矿山。两个月前才刚刚开始开采，即使存在也不为人知。这个矿山的存在，是在和国外的稀有金属商喝酒的时候无意间听说的。

回到家里，在网络上试着搜索了一番。这个时候，如果一下子跳出来许多信息的话，那就不行了。为什么这么说呢，因为一定是已经有人着手开发了。

不过，有关这座矿山的信息却极少，这么看来是有希望的。

暗暗地预先调查了一下，我决定亲自去看看。

我立刻确认了采掘出矿石的现场。

乘着电梯，下到了地下150米的地方。

在矿山负责人的带领下进入了采掘现场。

“来到这里的外国客人，中村先生是第一个哟！”听了这话，

在蒙古国的一处矿山，我与负责人一起乘电梯下矿井。

我微微有些吃惊。

在矿石采掘现场，老旧的俄罗斯机械正在运转着。我看到被挖掘出的矿石吃了一惊，这里产的竟然是含量极高的钼矿石。真正是蒙古国的宝藏呀！

“这可都是钱呀！”我想。

◇ 因为出国流浪，自身的价值观也大大改变

我有了“不管什么，只看一面就下判断的话都会出错”的想法，明白了要拓宽自己视野的重要性。

我之所以秉持三现主义的宗旨，就是在流浪时期发现，书本上写的和实际当中见到的事物有着极大的差距。

我最初的流浪地是苏联，首站去了莫斯科。

一旦走向世界，就感觉到自己的价值观发生了巨大的变化。

当时，我带着只有日本是贫困的、欧美先进国家都很富裕的观念踏上了旅途，到了当地一看才知道，世界上无论哪里的人都是一样的。

我曾经以为社会主义国家很可怕，但实际上却有着浓厚的人情味，好人也很多。于是，我有了“不管什么，只看一面就下判断的话都会出错”的想法，明白了要拓宽自己视野的重要性。

◇ 有人能拥有大型牧场，就有人一文不名

日本政府甜言蜜语地劝说鼓励民众移民他国，但是，之后对生活上遭遇困苦的移民者却几乎没有任何援助。

比如，巴西的农场，在我的印象中，那里的生活应该是丰富多彩的。

我把巴西作为目标，是因为受到了有巴西经商经验的叔叔的影响。

小时候，叔叔每到正月和盂兰盆节就会到我家来，反复对我说："繁夫，去巴西吧。巴西可是个好地方。"酒越喝越多，话题翻来覆去净是巴西。就这样，他每年回来两次，这种话我一直听到自己成了大学生。

我在大学进入农学部，也是受了叔叔的影响。等到要去巴西的时候，如果我有农业技术的话，就不会有反对意见，我就能立刻成行了。就因为这样的理由，我选择了农学部。

我对巴西的农场，就一直怀着这种像世外桃源般的印象。

我被圣保罗的东本愿寺别院住持大谷畅庆大师带着，去访问过某个牧场。被叨扰的河合牧场规模很大，在巴西的移民区里，拥有这么大规模农场的人就被称为"Fazendeiro"[1]。对众多从日本农村出来的移民青年来说，成为Fazendeiro无疑是他们最大的梦想。

巴西移民中，有成为大牧场主，饲养着数万匹马，获得巨大成功的人。

但是，另一方面，从咖啡种植园起家，却遭遇干旱等气候自然灾害，财产积蓄在数年间荡然无存的移民则更多。

[1] Fazendeiro：葡萄牙语，意为"大农场主"。

这些移民有的连吃饭都成了问题，只好到大农庄上去做雇工，寄居在雇主家里。也有为了吃饭欠债的，债款不断上涨，又不能逃走，只能栖身在大庄园角落里的小屋里紧巴巴地过日子，拼命地工作。这样的人，也有相当一部分。

日本政府甜言蜜语地劝说鼓励民众移民他国，但是，之后对生活上遭遇困苦的移民者却几乎没有任何援助。[1]

从日本来的移民大部分都在圣保罗州，移居巴西中部的人就比较少了。从事农畜牧业的移民有的移居到圣高隆市的郊外，但也有部分家族被移居到北部的马托格罗索州。

以河合牧场的情况来说，当时的开拓条件十分艰辛，与其说他们过的是移民生活，不如说是弃民生活更合适。

移居此处的生活，如果只是短短数日的话，也能给人丰富多彩的印象，但实际上长期在这里生活的话，就相当严峻了。我们拜访的河合牧场主也是一直辛苦打拼，才终于走上了成功之路的移民家庭。

[1] 19世纪末20世纪初，巴西劳动力大量缺乏，而当时奴隶制度已经被废除，不能再从非洲买奴隶，刚好此时日本国内人口膨胀，因此日本皇家移民公司与巴西签订移民合同，组织大量日本人移民巴西。初到巴西的日本移民主要在圣保罗内地从事咖啡种植。合同期满后，移民开始向圣保罗海边地区扩散。

◇ 日本移民成功者的背后

亚马孙的圣多美黑死病（鼠疫）猖狂肆虐，许多日本移民就死于这个病症，而在马托格罗索州，人们也同样为地方病所困扰。

大谷畅庆大师也告诉了我河合牧场的成功之路是如何漫长，以及战前发生的凄惨事件等。

移民面临的最严峻的问题，是怎样与地方病作斗争。

亚马孙的圣多美黑死病（鼠疫）猖狂肆虐，许多日本移民就死于这个病症，而在马托格罗索州，人们也同样为地方病所困扰。

因为距离城市太远，不可能拿到好药品，更有一些人遇到的是无医村，宝贵的生命就这么被夺走。这样的惨痛事故时有发生。

河合先生家的长子才10岁就因为地方病而亡故了。

更悲惨的是，第二年，他的夫人在没有生下第4个孩子的情况下，因为难产最终引发了妊娠中毒症也去世了。

为了维持宝贵的劳动力，移民者的妻子平均要生4个以上的孩子，但就算在怀孕期也要照常忙于工作，有人甚至不能定期接受医生检查。

河合先生的夫人原本好不容易预约到了诊断日期，后来又打算早一些去城里的医院，但是因为工作忙的关系而搁置了。而因为计划要进城，所以原本委托的医生也没来。

河合先生成功的背后，就发生了这样的惨剧。

听了这些故事，我感觉到河合先生一家人的心情都由明朗转为凝重。我的心也随之颤动：“与河合先生比起来，我的生活是何等轻松呀！”

他们一家人将共同担负着不幸和悲伤坚强地活下去。

临别之际，我没能很好地向河合先生致谢。虽然他和我分享了许许多多宝贵的体验，但这毕竟与我在日本的生活相差太远了，让我难以找到合适的语言表达自己的感受。

◇ 在佛教圣地挑战连水都不喝的辟谷

任何事情，都必须用自己的眼睛去确定。通过媒体获得的资讯和现场的真实情况是不能画等号的。

所以，对于报纸和网络上都查不到信息的矿山，我愿意亲眼去确认。

位于印度东部的菩提伽耶是释迦牟尼佛顿悟的地方，佛教最高的圣地。

我在这里辟谷三天三夜的同时，也曾多次坐禅。指导我的是山田全照师和佐佐井秀岭师。

佐佐井师曾使约1.5亿人的曼陀罗（印度贱民）改信佛教，成为佛教徒，是印度佛教界的领导人物。有关佐佐井师的故事，我一定会另找机会写出来的。

因为流浪生活是没有衣食保证的，所以我的肚子向来饿得扁扁的，再加上辟谷，我的胃已经变得很小了，但之后我又进行了一次辟谷。

这次进行的是连水都不喝的辟谷。听说这种辟谷方式的极限是7天。能喝水的辟谷据说大约是1个月。

辟谷期间，身体排出了对自己无益的东西，我感到身心都得到了净化。心情变得平和宁静起来，有时能感觉到自己被光包围着，体会到身体忽忽悠悠飘浮在空中的感觉。

“这可太牛了！”我这么认为。

现在想起来，我认为这就像跑步者的愉悦感[1]似的状态。说不定，也许是脑内分泌出了类似多巴胺和肾上腺素之类的快感物质吧，精神就兴奋起来了。

即使到了现在，一去到菩提伽耶，我就莫名地精神亢奋。

我还见过印度耆那教的行者，全身扎满了针到处走。起初刚一

[1] runner's high。当长时间持续性运动量超过某一阶段时，体内便会分泌脑内啡。长跑是产生脑内啡的运动之一。

看到的时候，感觉很疼的样子，不由得想把脸背过去，但他本人却说“完全没有疼的感觉”。大约是精神上处于很high的状态吧。

积累了如此这般超乎想象的经验之后，我自己的观念也有了极大的改变。

任何事情，都必须用自己的眼睛去确定。通过媒体获得的资讯和现场的真实情况是不能画等号的。

所以，对于报纸和网络上都查不到信息的矿山，我愿意亲眼去确认。

话说回头，我又在蒙古地质学家的带领下，敲碎了地表露出来的石头。一看，石头中混杂的是钼。这片区域的地下埋藏着大量稀有金属矿石的可能性是非常高的。我开始了这座矿山的开发。

这可是非常大的冒险呀，但在这样的冒险中也有浪漫。追求这种浪漫的人才是寻矿师。

另外，为赢得冒险而搜罗的宝贵情报资讯，一定要采用“现场、现物、现实”的三现主义来筹措。这是铁的定律。

Chapter 5
第五章

坚持到底，30年后身价340亿

在AMJ，包括我在内的全体员工都极具冒险精神，我们认为就算有一些损失，只要最后能够得到超乎所值的利益即可，因此我们总是积极向前不怕受伤、不断挑战。

要组团队，就组“一人一技”的多能集团

◇ 高效、个性、多样性、专业性

擅自把公司的员工比作“真田十勇士”也许是有些失礼的，但我希望能让他们各展所长纵横驰聘在交易场上。

“一人一技”，不同特质的交叉协作正是我公司精神力量的来源。

在创立AMJ的时候，我的理想就是组建“真田十勇士”[1]部队。

[1] 真田十勇士：日本战国时期，传说中真田家的十位家臣，猿飞佐助、雾隐才藏、穴山小助、海野六郎、望月六郎、根津甚八、笕十藏、由利镰之助、三好清海入道、三好伊三入道，大部分是虚拟人物，原型来自于从九度山到大阪城之战为真田幸村效力的十个人。以江户时代所著《真田三代记》《难波战记》《立川文库》中登场的虚构人物为基础形成。据说其中只有穴山小助是真实存在过的。

同类高才生云集的公司，是无法完成我的目标——稀有金属开发的。而个性派职员所必需的配套条件是：高效、个性、多样性、专业性。

AMJ的企业概念是，每个职员都是专家，都具有多样性。这就是和“真田十勇士”相通的理念。

我离开蝶理独立创业的时候，曾经对我当时的部下们说过这样的话：“搭乘沉没的泰坦尼克号，不如跟我一起驾起小海盗船去追求梦想。”

于是，全体人员跟着我来到了新公司。职员中也有人说：“要半遮着眼睛才能让上船。”

公司全员仅10个人，但清一色都是交换了血印盟书的个性强兵。

若是把身为社长兼营业部长的我诉诸笔端的话，按照工作10年以上的里见的话来说，就像“真田十勇士”里面的海野六郎，是头脑明晰、手段老辣的参谋，具有超强分析能力的精英人才。

水泽，就像望月六郎。望月六郎是负责留守真田府邸的人，也是精通火药火器制造的天才。水泽为我负责管理部门。

吉永，就像笕十藏。笕十藏是弓马娴熟、孔武有力的全才。

小西，就像猿飞佐助一样行动迅捷。小西当然不会猴子的语言，但也是个非常勤奋学习各种语言的忍者般的人物，总是在世界各地飞来飞去。

秦，就像雾隐才藏一样，是乍一看十分沉着冷静的人。雾隐才藏拜在伊贺著名忍者百地三太夫门下学习忍术，得到了三太夫的真传。秦是才能多样的俊逸之才。

西野，就像由利镰之助。由利镰之助是使用锁镰和枪的高手，能够处理任何问题，是具有天才气质的侍从。

福卢卡托（乌兹别克人），像三好清海入道般单纯可爱，却因对女性温柔豪爽而成为AMJ有名的传奇人物。

三好清海入道的弟弟三好伊三入道的位置，就是拉哈曼（哈萨克人）了，他是个像三好伊三入道般勇猛无双的豪杰人物。

之后加入进来的米利阿里（维吾尔人）是个美男子，很像海贼出身的根津甚八。

稻村，是像幸村的影武者[1]穴山小助那类型的人物，没能成为射击和马术名人的技术派理论拥有者。

我想着重介绍一下的，是这其中的4位骨干职员。

吉永组长，最近不仅对南美情有独钟，还被非洲所魅惑。他是在神户外大[2]时期就有南美“放浪啃老族”经验的弄潮儿，以和善的态度在偏僻的地方研究如何做买卖。进入今年，他的部下当中有了海外青年合作队出身的新员工（在非洲全域进行消灭艾滋病运动），我期待着他即将展示的探险商社的能力。

[1] 影武者：替身武士。

[2] 神户外大：神户外国语大学。

小西组长，在北京留学学习中文，在哈萨克斯坦留学学习俄文，而且都学得不错。他是在合理的思考下构筑体系创造商务的类型，我对于他会不会因为工作过度的原因而误了婚期有些担心。

秦（中国室主任）以中年杀手而闻名。今年他在家乡内蒙古举行了盛大的结婚仪式，但他在交易方的狂热追随者竟从日本赶了过来。中国的客户和亲朋好友，全部加起来有300多位客人来参加，结婚仪式进行了4天。秦这个人乍一看有些冷漠，实际上却是个热心肠，重情义、讲义气大概正是他的魅力所在吧。

西野组长也是个曾在俄罗斯留学的“放浪啃老族”，现在已经成长为奔走在欧洲大陆上的天才交易人了。他不玩弄技巧，而是以正面的方式进行交涉，站在客户的立场上想办法。看着他很愉悦地听着一般人不愿陪同的俄罗斯客户任性地提出的无理要求，我不由得想：这小子是不是专门修过心理学？客户在关于资金筹措的问题上不断提出无理要求，但在他的说服下，问题竟奇迹般地解决了。

说到自己的话，我比较在意真田幸村，虽然弱小却有夺取天下的打算。

擅自把公司的员工比作“真田十勇士”也许是有些失礼的，但我希望能让他们各展所长纵横驰聘在交易场上。

“一人一技”，不同特质的交叉协作正是我公司精神力量的来源。

◇ “自助探险”旅行的梦想家

8个“放浪啃老族”，大家的想法信条都不一样，往往各说各的难以达成一致，但如果说有什么共同之处的话，那就是大家都还是“寻找自我”之旅的梦想家。

从某种意义上来说，就是一群任何时代都存在的“多余的人”。

流浪时期，就是不断和不同特性的人交往的过程。

1972年3月上旬，我到达了亚马孙下游最大的港口贝伦（Belém），等待着每个月只有3~4班的去往马瑙斯的航船。

在这里，聚集了8个“放浪啃老族”的日本人。

以狙击士兵为目标的越南志愿兵萨布。他在美国住了5年，30岁左右。他说是因为自己本身喜欢战争，而且参加越南志愿兵的话就可以获得美国国籍。这家伙带着日本刀晃来晃去危险至极。

萨布的伙伴，轰炸队的哲，也同样在美国住了5年，现在正在南美流浪。好像在洛杉矶有个西班牙裔的女友在等着他，他的西班牙语非常棒。

友田是落伍的拳击师，无赖派的第4轮选手。他也去过美国周围的武士修行地，说是还想在美国再一次挑战拳击。

鸟取的裕是经由奥地利周边来到巴西的，戴着眼镜弱不禁风瘦高细长的样子。他说自己的父亲是高中教师。他利用打工度假签证

（Working Holiday Visa）在奥地利一边工作一边学习英语。

敕使河原野逸，好像是搞学生运动的，因为找不到就职之处，所以就产生了浪迹世界的念头。外观看起来，与其说他是学生运动的斗士，不如说只是个观望者。虽然是个大个子，却有些懦弱无能。

会拳术的尼拉雷巴西格是日本拳术高手。空手道、跆拳道、少林拳法等什么都会的男人。好像白天是做日本菜的工作人员，意外地是个有踏实想法的人。

特利日佐户是个搞大学生运动的学生，是我在从巴塞罗那到里奥的船上认识的流浪者，在3个月时间的亚马孙之旅中偶然相遇了。

然后，再加上嬉皮风格的我，合计是8个人，聚集在了亚马孙。

8个“放浪啃老族”，大家的想法信条都不一样，往往各说各的难以达成一致，但如果说有什么共同之处的话，那就是大家都还是“寻找自我”之旅的梦想家。

从某种意义上来说，就是一群任何时代都存在的“多余的人”。

乘船从贝伦到马瑙斯的横渡亚马孙河之旅花了7天的时间，多亏了这群伙伴，我完全没感到厌烦。

数日之后，越南志愿兵萨布在船内挥舞日本刀引起了全船的骚动不安。我和船长进行了交涉：“他没有恶意的，不管怎样，帮帮他吧。”在这样的劝说下，总算大事化了了。

不过，萨布在一个像单身牢房似的小单间里被监禁了一个晚上。

其他日本人都累了，精疲力竭地进入了梦乡。

在亚马孙的船上，我睡在船底的吊床里。

在船底疲惫不堪地躺下，精神上的疲倦就纷至沓来。在亚马孙的船上睡吊床本是很寻常的事，但一个星期这样连续下来，我就觉得自己的脊椎骨有些不正常了。

试着在船底一睡，却发现又脏又乱，还有虫子出没，最终只好去睡了吊床。

在航行中，大家也组织过宴会。喝着名为Pinga酒[1]的巴西烧酒，唱歌跳舞，尽情地挥洒青春。

◇ 像“南极越冬队”一样具备多样性

我认为不同特质的人一起合作是非常重要的，于是自然地就比较重视多样性了。

所谓的多样性，就是不同于自己的存在，认可不同的价值观。

也就是说，不同特质的人一起合作是建立在每个员工都具有多样性的基础上的。

“组建团队的话，最好是一人一技的才能多样化集团。”这是我一贯的主张。这种想法是从高中生时代就开始有的。

我的高中前辈里就有西堀荣三郎先生。西堀先生作为第一次南极越冬队（1957年）的队长而闻名。

我从西堀先生那里听说：“南极越冬队的队员之间，最初的关

[1] Pinga酒：英文名为cachaca，中文译为“嘎沙萨”，巴西国酒，为甘蔗糖发酵蒸馏酒。

系并不好。”

战争刚刚结束，正当食物供给吃紧的时候，日本政府从全国各地召集了一些拥有不同的特殊能力的人物。

西堀队长的特殊能力就是方向感超强，就算没有罗盘指南针，他也能清楚地辨别方向。这一点起了决定性的作用，他从众多的候选者中脱颖而出。

其他的队员有带着动感娃娃[1]来的，也有犬类训练专家等，能力种类繁多的人被召集到了一起。

对于连动感娃娃都带进来的事情，当时提供预算的文部省也不得不皱起了眉头，但西堀队长却说：“什么事都要尝试到底嘛。”而对于一些芝麻小事什么也没说。他说：“个性丰富的家伙们在战争时期是最强的。”千人一面、众口一词的队员是不在其中的。金太郎糖[2]类型的队员是不在其中的。

据说，富有柔韧性，思考多样性的人，一直都是占据各界优势地位的人。

[1] 动感娃娃：性欲处理用的精密人偶。

[2] 金太郎糖：金太郎糖是日本江户时代流行的一种糖果。通过将各种花色的糖搓成条状，并通过预想中的设计组合在一起呈筒状，然后将其拉伸成条，再横向切成粒。每个糖粒的横断面都呈现出金太郎的头像。制作理念和寿司相似。现在的金太郎糖的图案已经不仅限于金太郎，延伸出了花朵、水果、文字等多种图案。因为金太郎糖不管怎么切，横断面都是一样的，有人用金太郎糖来比喻千人一面、众口一词的社会现象。

我认为不同特质的人一起合作是非常重要的，于是自然地就比较重视多样性了。

所谓的多样性，就是不同于自己的存在，认可不同的价值观。

也就是说，不同特质的人一起合作是建立在每个员工都具有多样性的基础上的。

所以，每个员工都具有多样性是非常重要的。

不管有多么高超的能力，也不管拥有什么样的高学历，不具备多样性的人，我是从来不给予肯定评价的。

能够理解几分他人的想法？能够明白几分他人的痛苦？都决定了这个人能否构筑人际关系，也决定了这个人的人性、个性和魅力。

要想具备多样性，只有多多积累人生经验这一种方法。

特别是游历世界，这是能够最快取得成果的。了解多种价值观和多样性的形成是紧密相连的。

在美国DDT工厂切身感受外国务工的酸甜苦辣

◇ 辗转打着无数零工，至死方休

打扫仓库、洗盘子、超市店员和临时照看婴儿的保姆等，我都做过。

比较有意思的是在一家名叫“Jack in the Box”的汉堡店里从事的夜班工作。

在学校上完课，回家稍微休息一下，然后开始从夜里11点至早上7点的工作。

AMJ的业务人员多半都是来自中国、中亚、蒙古、俄罗斯的外国人。公司内各种各样的语言满天飞。我会根据各人不同的强项给

我年轻时在美国打过各种零工：打扫仓库、洗盘子、照看婴儿。

予最合理的配置，不同特质的伙伴也会一起攻克同样的问题。

外国人在日本工作，总会有艰辛。我在“放浪啃老族”时期作为外国人在美国工作过，所以我能明白其中的艰辛之处。

我在巴西生活了将近一年的时间，然后在南美周游一番，经由墨西哥进入了美国。刚出国的时候，我还有过要不要移民巴西的想法，但是70年代的巴西是个政治混乱、贿赂横行的国家，所以我觉得不适合作为自己的工作场所。

因此，我考虑去见识一下已经开始引领世界经济的资本主义大国——美国。

我住的公寓位于洛杉矶市墨西哥人街的中心，吸毒者来来往往，犯罪也非常多。

在这里，我一边读着成人学校，一边工作。

成人学校是为没能进入高校就读的人设立的。在那里学习，我的成绩经常都能高居榜首。恐怕只要是个日本人，谁都能占据第一吧，那里的学生就是这样低下的水平。

工作中也总是被做职业中介的日本人克扣。

打扫仓库、洗盘子、超市店员和临时照看婴儿的保姆等，我都做过。

比较有意思的是在一家名叫“Jack in the Box”的汉堡店里从事的夜班工作。

在学校上完课，回家稍微休息一下，然后开始从夜里11点至早上7点的工作。

当时，正流行着卡朋特乐队的《Top of The World》，越南战争和“水门事件”使得美国动荡不安。

汉堡店就处在墨西哥人街的危险地带，发生过不良少年划破玻璃闯入的事件，据说差点演变成杀人事件。

最后，我还是出于“有命才有一切”的考虑，决定换份工作。

就算是多少有点儿危险性的工作也没办法，但因为暴力事件而丧失生命的话就不值了。

我做了一段时间不定期的临时工，但还是想好好找份稳定的工作，所以开始搜索各种招聘广告。

◇ 在美军基地内舍命抓捕独角仙

自那以后，我虽然还是个孩子，但也会思考："为什么日本的国土上有美国人占据着？"

日本人为了什么而活着呢？今后又要何去何从呢？我总是问着自己这类的问题。

到美国去探险，一切都始于我还是个孩子的时候。

上小学时，每到夏天，我就会去植物园探险。

为什么说去植物园是探险呢？因为这个植物园被美国的军警接收了治外法权，所以虽然是在日本，其实却是美国的地盘。

美国这个国家，我其实是相当憧憬的。她是我心目中的探险乐园。

一般的日本人当然是不会进去的，但我还只是3~5年级的小学生，所以能满不在乎地走到入口处，也说过"Give me chocolate"这类的话。

虽然父母会警告说："不许靠近那个地方哦。"但越是被说就越觉得和坏小子们一起去探险是件快乐的事。

这个植物园一到夏天，里面就会有非常多的独角仙和鹿角甲虫。

早上4点半，趁着天还没亮就进去，巡逻的人每隔1小时或2小时巡视一次。我们估算好时间，挖开覆盖在地面上的铁丝网，从地下通道潜入。

上小学时，我和同伴潜入美国管辖的植物园去捉独角仙。

独角仙真是要捕多少有多少。

然而，有一天还是出事了。

我们撞上了占领军的巡逻兵。虽然立刻躲藏起来了，但他们是职业军人，立刻就发现了我们。我们仓促逃跑。

身后传来“砰”的声音，是枪声，巡逻的MP[1]开枪了。

[1] MP：Military Police的简称，占领军。

没有回头的余暇，他们又开枪了，总之要拼命地逃出去。

他们射击了两发。是放空枪，是朝天空射击，还是狙击射击？我不知道。只是，我们就算被杀的话，事情也会以击毙不法入侵者而告终，所以我们真是拼上性命捕来的独角仙。

自那以后，我虽然还是个孩子，但也会思考：“为什么日本的国土上有美国人占据着？”

日本人为了什么而活着呢？今后又要何去何从呢？我总是问着自己这类的问题。

◇ 体重50公斤的男人与重50公斤的DDT[1]包装袋

肉体上的艰辛还可以克服，但精神上的痛苦却因为自尊心的关系在后期突然爆发。

老实说，我当时就有一种被叫成“黄猴子”似的强烈的差别感。

因为体力上的悬殊，我想我付出的努力是一般工作人员的两倍以上。

[1] DDT：滴滴涕。有机氯系列的杀虫剂。

在美国找工作期间，我得到了一份能拿到美国人平均工资以上报酬的工作。

制造DDT的“蒙特罗化工股份有限公司”的化学药品现场作业，就是我的新工作。

学校是早上8点至下午3点上课，之后的下午4点至晚上12点我都在DDT制造厂工作。时薪是3美元85美分，所以一周5天下来，就能赚到154美元。要是月薪结算，再加上危险津贴补助的话就是1000美元。我的收入在美国商务人员的平均工资以上，而且美元汇率也高，所以以美元为基准的话，我的收入就是日本商务人员的两倍以上吧。

不过，在这个工厂工作是十分艰辛的。

在巴西流浪末期至来到美国的时候，我的体重是50公斤。

我从日本出发的时候，体重是60公斤，由于饿一顿饱一顿持续地不规律饮食生活，而导致了骨瘦如柴。

在DDT工厂里，我们只顾一个劲儿地把DDT塞满袋子，堆积在一处，再打包成集装箱。

美国国内是完全禁止使用DDT的，但大量的DDT却被出口到了南美。

一个袋子是50公斤。就这样1个、2个、3个地堆积起来。累积到最后的第4层，已经达到了我胸部的高度，把袋子放上去的时候就像在做举重运动。就这样，两小时里一个劲儿地不断重复着。刚开始

年轻时的我在美国一家化学品工厂做苦工，将50公斤的袋子一个一个堆积起来。

20分钟左右就已经筋疲力尽了。

肉体上的艰辛还可以克服，但精神上的痛苦却因为自尊心的关系在后期突然爆发。

老实说，我当时就有一种被叫成“黄猴子”似的强烈的差别感。

因为体力上的悬殊，我想我付出的努力是一般工作人员的两倍以上。

做这项工作是4人一组的，但我周围都是体重超过100公斤的像超级职业摔跤选手般的大块头，体形至少在我的2倍以上。

对摔跤手来说50公斤的袋子轻如鸿毛，而我却是举起跟我自己的体重相同的分量。大概因为我那时正是20刚出头的年轻小伙子，所以才能办到吧。

◇ 首次体验“朋友”背叛的感觉，为之心碎

即使同样的事情反复发生，但出卖同伴的行为毕竟太过卑劣了，我只能每次都对上司这样解释：“这是我们组的责任，一定会想办法改善的。”以此来息事宁人。

同一组的转运伙伴里有一个叫吉姆的白人，是从中西部来洛杉矶工作的，比我还小几岁。

他是个身高185公分的大个子男人，既没有做码头装卸也没有做什么重体力劳动，却经常偷懒。

他本人是个印度大麻的瘾君子，在工作中也吸食印度大麻，对于工作毫无干劲，因为他的偷懒，工作被延误下来了。

我无奈地把吉姆的工作部分也承担下来，但是我只做自己的工作已经很吃力了，再连吉姆的部分也做了，我们的工作进度便无论如何都被耽搁下来了。

手腕麻木，腰腿酸软打晃，接着大概是脑部缺氧吧，我头脑中

突然一片空白。

就在这个时候，现场的监督巡视过来了。

吉姆一副事不关己的表情说："工作耽搁了，全是日本人西戈[1]的错。"

同样的事情发生了好几次，这回终于是到头了。

"喂，我说，你们到底在干什么呢？！工作完全没有进展嘛！"监督的怒吼声响遍了整个车间。

这个时候，吉姆刚好回来了。他看了看监督的表情，之后，又看了看我的表情，好像立刻就掌握了情况，然后就指着我说："全都怪这家伙啦！这家伙总是偷懒，一直都是我一个人干活，可这家伙偷懒，工作立刻就被他延误了。"

现场监督那冷冷的视线投向我说："你给我认真地干！"然后便转身离开了。

我的心顿时凉透了。

"我不会原谅你的，吉姆。下次，再发生战争的时候，你会是最先失败的。"

"不好意思，不好意思！这不是我的本意呀！如果不那样说的话，也没办法吧。"吉姆搪塞地说。

[1] 西戈：作者的名字是中村繁夫，繁夫在日文里的发音是shigeo（西戈欧），吉姆因为发音有误，说成了shige"西戈"。

我被工友诬陷，受到监工的误会。

自那以后，我跟他不再有任何交谈。

我自身的体力问题也是工作延误的原因之一，所以用增强自己适应性和体力的方式总算克服了下来。

即使同样的事情反复发生，但出卖同伴的行为毕竟太过卑劣了，我只能每次都对上司这样解释："这是我们组的责任，一定会想办法改善的。"以此来息事宁人。

数日之后，吉姆照旧偷懒没有返回工作岗位，于是周围的同伴们向我伸出了援手。恰巧此时，上司巡视到了这里，发现吉姆不在，便对我大声呵斥："怎么回事？"我沉默着没有出声，周围的伙伴们却纷纷替我说话了。

“偷懒的人是吉姆，不是西戈的错，他可是相当努力的。”

美国人在这方面是黑白分明的。第二天，吉姆便被做了新的调配。然后，别的搭档加入进来，工作再也没有被延误过。

◇ 6无人员，“废物点心”

我认为团队组建的基本，就是“尊重他人”。在AMJ，所有的员工都会被委任与其能力相当的工作。这在外国员工们中获得了一致

年轻时的我是没签证、没门路、没学历、没房子、没体力、没钱的“6无人员”。

的好评：“工作容易做。”

做了3个月的工作后，我在公司内也算有了点儿面子。

那时候的我只有社会保障卡和运输许可证，除此之外，就是个没签证、没门路、没学历、没房子、没体力、没钱的6无人员，或者说就是个“废物”。

我想：“不久，我就能取得绿卡，获得美国国籍，从此发迹了！”

像做白日梦一般，我正一步一步地靠近我的美国梦。

但与此同时，我无奈地亲身学习体验了打洋工的辛酸。

日本人在日本工作的时候，可以有寻找适合自己的工作或敷衍了事干活的从容宽裕。可是，如果在外国工作，在适应当地的情况前，是难有这份从容的。

现在，我的公司里有为数众多的外国员工。

问起他们来到日本时候的情况，那就是一句话“生存就是吃饭”。刚来时真的是相当辛苦的。

AMJ里有一位名叫拉弗曼的员工，他是有着惊人的高学识、高素养的优秀人才，精通英语、俄语、维吾尔语、日语、汉语、土耳其语、哈萨克语、乌兹别克语、吉尔吉斯斯坦语9国语言，但是在日本却没有发挥他这种能力的用武之地。

他参加了企业的招聘测试，却接连遭受不被录用的打击，连吃饭都成了问题，每天只能喝水充饥。

最后，在走投无路的情况下，他接受了柏青哥[1]店的入职面试，他觉得柏青哥店的工作应该不会遭到拒绝吧。

但是，“像你这样的外国人是不能做这个工作的哟！”据说是被轰出了大门。

他说，这个时候真的是绝望了。

我是非常理解拉弗曼的心情的。

在国外工作的时候，常常会遭受自己能力以外的客观条件的左右。在日本，像外国人认为的那样，具有阻碍才能发挥的企业风气的公司还有很多。据说，在其他地方的公司，也有不把工作交托给外国人的案例。

不过，既然是一起工作，日本人也好，外国人也好，又有什么关系呢。我认为团队组建的基本，就是“尊重他人”。在AMJ，所有的员工都会被委任与其能力相当的工作。这在外国员工们中获得了一致的好评：“工作容易做。”

[1] 柏青哥：Pachinko，俗称“小钢珠”，是一种在日本十分流行的弹型博彩机。

倒数第一的人，就要成为“年度被开除人士”！

◇ 从AMJ辞职的职员都获得了幸福

我和辞职的所有员工，现在都依然有来往。即便不在一起工作了，也不能因此而断绝了往来。

对方就算说我“讨厌”，可还是会一起喝酒吃饭。

每个人一定有自己的闪光点，这就是我的信念，所以我会定期地和他们见面。

在AMJ，每年都有一个业绩最差的人请辞。

在入职面试的时候，我们会事先公布这个规定，我只采用那些在了解了这项规定之上作好心理准备的人。虽说是每年最少1个人，但根据实际业绩辞职的应该有2~3人。

员工们常对我说："明年就轮到炒你鱿鱼了！"所以一年里我都要拼命努力逃过这一劫。

不过，没有一个员工有过怨言。因为他们都是以真正的职业人为目标的。

这可比什么都好，说不定哪天就真的会炒我的鱿鱼呢。

我也有可能会业绩最差，也许会出现大的失误。如果那样的话，就要被炒鱿鱼了。对自身的工作也要施加些压力。就算我是社长，经营判断失误而使公司出现赤字的时候，爽快离去也是当然的事。

我从来不对员工说些有的没的，他们都是靠自己制定工作目标来完成工作的。

努力的人会在工资、报酬方面有显著的增长，而不努力的就没有任何奖励。

职业棒球也好，什么运动都好，都是一样的。

"他那么努力岂不是很可怜？我们再稍微看看情况吧。"这样的氛围一旦出现，公司就进入了大企业病的初期，于是我反复地说："努力值得称赞，但不值得报酬。"

我对进入公司的人一定会说的话，就是："人类的价值观并没有唯一的标准，所以，你在这个公司做得是顺风顺水，还是前景渺茫，不做是不知道的。既然如此，那就开心地做吧！不过，有一点你们要记住，如果业绩最差的话，你还是辞职比较好。不是有句老话吗？宁为鸡首，不为牛尾。请到能够更好地发挥你们能力的地方去吧。”

对于决定要辞职的人，我们会帮他介绍合适的新公司。结果是使得大家都幸福。

我和辞职的所有员工，现在都依然有来往。即便不在一起工作了，也不能因此而断绝了往来。

对方就算说我“讨厌”，可还是会一起喝酒吃饭。

每个人一定有自己的闪光点，这就是我的信念，所以我会定期地和他们见面。

AMJ还有另一条规矩，那就是，即使辞职了，如果重新鼓起了干劲儿的话，还可以再回来。我们不拒绝因为业绩差而辞职的人。

就因为这条规矩，所以有反复三次入职辞职的员工。也就是说，他三次都选择了和我同坐一条船。

与赫比·汉考（Herbie Hancock）的重逢

赫比·汉考，我们相逢在30年后的东京。赫比是1960年以后引领爵士乐的爵士乐钢琴家，年过七旬的他，依然代表着爵士乐的最高水平。

旅途和人生都充满了相逢与别离。

至此，我已经周游了90多个国家，意外之处就是和熟人的巧遇。经常相遇的地方是奥塞博物馆和卢浮宫博物馆。中国的朋友、日本客户的部长等就曾多次偶遇。

只是，多次遇见同一个人，我想那一定是有某种意义的。

我曾经从挪威的纳尔维克搭免费车来到莫尔德，参加北欧挪威的莫尔德国际爵士音乐节。

当时我带着一台尼康的相机，是有名的Nikomat FTN。扛着这个稀罕的相机，我冒充《现代爵士乐》杂志的记者混入了其中。

穿行在最棒的记者席之间，我拍到了那个时候的戴克斯特·戈登和赫比·汉考等爵士乐现场的顶级写真。

我和这两个人都有两面之缘。Dexter Gordon，我在前面讲过，他曾在纽约的Village Vanguard进行过演奏。再次听到次中音萨克斯的音乐响起的时候，我心中充满了战栗的喜悦。

另一位，赫比·汉考，我们相逢在30年后的东京。赫比是1960年以后引领爵士乐的爵士乐钢琴家，年过七旬的他，依然代表着爵士乐的最高水平。

非常凑巧的是，我的朋友和赫比相熟。他下榻在Hotel Okura Co., Ltd的套房，现场演奏结束后，我们一起回到他的房间吃饭喝酒。

其间我们聊起北欧的莫尔德国际爵士音乐节之类的话题，东拉西扯的，气氛便热烈起来了。于是，我带赫比去了我经常去的一家

多年后，我和美国爵士乐钢琴家赫比·汉考在东京相逢。

店，那家店的老板擅长演奏现场House[1]。

“真的是赫比·汉考吗？”老板惊呆了。

“是呀，我来唱首歌吧。”

[1] House：此处指“浩室音乐”。这是于20世纪80年代，自DISCO发展出来的一种跳舞音乐。之所以称为“House”，是说只要有简单的录音设备，在家里就能做得出这种音乐。

难以用华丽的语言来描述，赫比用钢琴为我做了伴奏。赫比的演奏和我的歌声在高音区完全合不上，真是相当辛苦的热情高歌呀，但也是永远都不会忘记的回忆。

◇ “放浪啃老族三人组”，3天只凭方便面穿越美国

我们三个人都是离开日本过了几年的，可依然还在“寻找自我”的旅途中，照旧过着“放浪啃老族”的生活。

“放浪啃老族”时期，我也经历过许多的悲欢离合。

在美国的流浪生活接近尾声时，我利用3天时间，马不停蹄地驱车从洛杉矶赶往纽约，完成了横穿美国之旅。

同行的人还有幸田和大沢，我们组成了“放浪啃老族三人组”。采用了一个人驾驶，一个人协助驾驶，还有一个人睡觉的8小时轮换制，沿着国道66南下。从俄克拉何马州出发，我们的目标是到达东海岸，最终目的地是纽约。

幸田是我在DDT工厂一起干活的同事，成人学校和工作都是他帮忙给介绍的，是非常和善的一个人。他开车兜风的目的，是到纽约找工作。因为如果工作能攒些钱的话，他就能在大西洋城

（Atlantic City）逗留一段时间，然后经由芝加哥、圣弗朗西斯科回国。幸田毕业于九州某大学的教育部，将来当老师是他的梦想。

大沢是在洛杉矶居住了3年的资深人士。他是御前崎一个渔夫的儿子，在日本企业打过工。他寄宿的地方是友谊公寓（政治家三木武夫也曾借宿过），这里从日本来的留学生比旅游者还多，日裔的社会人士也不少。

结束在洛杉矶将近一年的生活，我打算经由印度回国。

为此，我还必须先去欧洲。

我打算用在DDT工厂攒下的3000美元，花上3个月的时间，从欧洲到中东、近东、印度、东南亚，再经由中国香港回国，但之前那种勤俭旅行的方式并没有变。

我们三个人都是离开日本过了几年的，可依然还在“寻找自我”的旅途中，照旧过着“放浪啃老族”的生活。

三个怀有不同目的的人乘坐的车，是大沢一辆只有1.5排量的小轿车。

“这么小的车能坚持到纽约吗？”我心里浮起一丝不安。

最初我们沿着高速公路行驶，但途中有的道路坑坑洼洼，有的是沙石子的路面，季节也进入了12月份，还下起了雪。

不过，我们没有想那么多，无论如何，先想办法出发吧！

◇ 一日三餐靠鸡肉方便面解决肚子问题

20来岁的年轻人食量都很大，每次每个人都要吃3袋。一天三回都是相同的方便面，确实能够吃饱，但对贫穷的旅行者来说，餐厅还是美梦中的美梦呀！

一开车，就要先饿着肚子。

食品就是方便面。幸田在两个日本人开的一个名叫“摩登食品市场”的超市工作，在超市打招呼辞行的时候，店长豪爽地说：“拿上这个。”给了我们120袋方便面作为践行。

我们就用Phoebus（Phoebus公司产的煤气炉子）烧开水煮这个方便面。

车子从加利福尼亚开到内华达，再奔亚利桑那。

天空是一色的湛蓝，狭窄的道旁堆着积雪。

12月时，亚利桑那州的大峡谷里刮起了大暴风雪，我们刚出发就遇到了仿佛象征这次旅程的天气。那时候的行驶便如雪橇比赛滑行一般。

由于暴风雪的关系，我们连煮方便面也是在车子里。

不过，水一烧开，车窗上就会蒙上一层雾气，看不清外面的情况，而且还有一氧化碳中毒的危险。没办法，虽然被零下10℃的严寒冻得直发抖，也必须开着车窗煮方便面。

暴风雪中，我们在开着车窗的小轿车里用煤气炉子煮方便面。

方便面，就是过去的鸡肉方便面。

20来岁的年轻人食量都很大，每次每个人都要吃3袋。一天三回都是相同的方便面，确实能够吃饱，但对贫穷的旅行者来说，餐厅还是美梦中的美梦呀！

◇ 3天成功横穿美国！一人27袋，三人81袋，全部吃完

一个人每天大约吃9袋方便面的时候，吃到第二天便开始想吐

了，虽然很想住汽车旅馆，但我们还是坚持执行了三人当初制订的“用3天时间横穿美国”的计划。

这如同赶死队般的旅行，实际上是寻找自己目标的旅行。

我、幸田和大沢，三个人被拖向了三种人生。三个人都是在大学保留了学籍，不拘泥于形式，有机会就想混个美国国籍的典型的“放浪啃老族”。

追求什么？去向何方？头脑中一片混乱不清，连思考的精力都没有。

如果回忆一下的话，就会发现，虽然在美国滞留了8个多月，但我对美国的记忆却净是DDT工厂，其他的几乎没有。这不仅仅是自己精神状况方面的问题，也许还是受了美国这个多样性国家影响的缘故。

想忘也忘不掉的东西还有一个。

那就是方便面的味道。

一个人每天大约吃9袋方便面的时候，吃到第二天便开始想吐了，虽然很想住汽车旅馆，但我们还是坚持执行了三人当初制订的“用3天时间横穿美国”的计划。

结果，当我们到达纽约的时候，一个人大约吃了27袋方便面，三个人合计吃完了81袋。此后很长一段时间，我再也不想吃方便面了。

一到纽约，三人便按照约定各奔东西了。

虽然只有短短3天时间，但三人都陷入了一种旅行是否会永远持续下去的错觉。

而随着时间的流逝，一想到要离开美国，要和朋友们分别，却又莫名地伤感，寂寞随之袭来。

◇ “柔软、克制、力量”，“上善若水”，体味放浪不羁的深奥乐趣

不穿着鞋踏入他人的人生，他人对自己的生活方式和旅行方式也不说三道四，就不会发生极不愉快的情况。

流浪的基础就是一个人的旅行。

一个人的旅行，可以轻松自在地按照自己的心意行事，但其反面就是，也许会有危险。

一个人的旅行，可以享受大自然的万种风情，但是没有倾听分享的人也难免寂寞。

不过，流浪中也会有邂逅。

去秘鲁库斯科的时候，我在电车上认识了美国人迈克。我的身体有些不太舒服，于是便开始和他一起旅行了。

迈克的记者朋友夫妇就住在库斯科，迈克去参加他们家的聚会，并在聚会上结识了一位年轻的美国女性，他非常喜欢那位小姐。

我们到了利马，在那里搭巴士踏上归程，但迈克一路上变得沉默寡言，常常陷入沉思。

“我还是要再去一趟库斯科。”说完，刚到达的迈克就直奔机场，乘坐下班飞机返回库斯科。

就像这样，两个人的旅行产生了快乐的小故事。

不过，在寂寞的旅途中，就算结识了朋友，也不过是3天的缘分。

说到底，对自己的生活方式、生活态度挑剔讲究的家伙，就该自己一个人去旅行。

初识的阶段，会希望互相了解对方的意见，或妥协退让，但必定会在某处发生冲突。就算是“刎颈之交”的朋友，长时间在一起也会在某些地方发生争吵，即使是夫妇也终究是旁人，难免会发生各种不合心意的情况。

特别是在旅途中，共用一个酒店的房间，因金钱的原因感觉上总有些别扭，每天都在一起见面聊天，其间的言行和态度便难免有惹人厌的地方。

像“亚马孙八人小分队”一样，一旦形成某种程度上的集体就不大会发生争执，但两个人旅行的话，就会有我想往右、对方却想往左的情况出现，这种时候就没必要勉强一起同行，各行其道才是最自然的。

攀岩的时候，自己和伙伴之间自然有一种默契。

一个人掉下去的时候，其他人是否能够提供帮助，在攀岩运动中是很清楚的。就算他人没能提供帮助，离开的时候也不会有怨恨。这就是了解友情界限的人之间的默契。

在某种意义上，旅途和人生一样，“萍水相逢也是缘”，只要预先认识到这一点便好。

不穿着鞋踏入他人的人生，他人对自己的生活方式和旅行方式也不说三道四，就不会发生极不愉快的情况。

“上善若水”这句话是老子说的。水，被注入四方形的容器中就会成为四方形，如果被注入圆形的器皿中就会成为圆形，水具有这样的柔软性。并且，水在自动流向低处时也能保持着极度的克制。而且，缓缓流淌的话可以治愈人心，激流勇进的时候还具有能够击碎坚硬岩石的力量。

柔软、克制、力量，具备这些要素的生活方式正是人类的理想。

“上善若水”这句话放在旅行中也适用。

一个人的旅行也好，两个人的旅行也罢，以接近理想的生活方式和旅行方式，结合“上善若水”思想的生活态度才是最重要的吧。

因此，从相互尊重、相互勉励的方面着手才是出发点。

在旅途中，人与人之间的相遇和别离，都是最自然不过的事。公司经营，也会有人员更替。生意兴隆的时候，或是不景气的时候，也都不必为之或喜或忧。

秉持“上善若水”的精神，人应该具有柔软性。

就算是生意兴隆的时候，也不要忘记谦虚做人。关键时刻，员工们会团结一致，发挥“击碎岩石的力量”。

说到最后，就是能否产生价值观的共鸣，如果不能相互促进成长的话，人生和旅途就寂寞无趣了。

右手算盘，左手浪漫，背上是忍耐

把15年作为一个人生段落

在AMJ，包括我在内的全体员工都极具冒险精神，我们认为就算有一些损失，只要最后能够得到超乎所值的利益即可，因此我们总是积极向前不怕受伤、不断挑战。

我把事物划分成15年一个段落。更进一步，把15年划分成初时5年、中间5年和结束5年。

好比说日本的情况，明治维新就是花了15年时间实现的。

初时的5年是大政奉还时“动荡的5年”，到第10年是废番置县

“反省的5年”，到第15年是文明开化“布局将来的5年”。

身为AMJ的掌舵，自然不能欠缺这方面的考虑。

AMJ始于2004年的1月，到2009年年初，初时的5年就结束了。

那么，这最初的5年到底做了什么呢？

按我个人来说，就是完成了从上班族到经营者的角色大转换。

这5年，与上班族时期比起来要厚重上3倍多。

由普通的上班族突然转变成经营者，所有的一切都是全新的挑战。虽然我作为最优秀的业务人员奔走了30年，但成为经营者之后的5年时间里，成长的切实感受却远超过当年。

没有冒险精神，只打安全牌，能获得的利益也就极有限了。在

我创办的公司年收入逐年递增。

AMJ，包括我在内的全体员工都极具冒险精神，我们认为就算有一些损失，只要最后能够得到超乎所值的利益即可，因此我们总是积极向前不怕受伤、不断挑战。

这个结果就是，年收入，第一年79亿日元，第二年135亿日元，第三年达到270亿日元，第四年竟然高达340亿日元。

第五年因为遭遇了巨大的金融危机，所以业绩多少有点儿下滑，但我认为不景气的时期也正暗藏着时机，因此连连制定了新措施。

总算是度过了初时的5年，下一个5年该做些什么呢？

现在的我非常兴奋，期待着与过去脉络清晰的5年，不同的新5年。

柔顺性，多样性，相对优势

在遇到问题的时候，具有柔顺性的人不会仅凭想法轻易断言事情“就是这样”，他们会下工夫去研究，“不会是因为质量问题卖不出去吧？如果在销售方式上下点儿工夫的话，是不是能卖出去呢？”

我公司的员工们也都脱胎换骨，发生了巨大的变化。过去的5年虽然成功了，但却不应该一成不变。

全球性的经济危机已经发生了。依我所见，这次的经济危机始于2008年，以5年为一个阶段的话，至少还会延续到2012年。

为了幸存下去，必须具备何种要素呢？我需要想一想。

于是，柔顺性、多样性和相对优势被提了出来。

第一点是柔顺性。怎样能够具有柔顺性呢？简单来说，就是不能对事物不假思索地妄下断言。

冰河时期猛犸没能幸存下来的原因，就是缺乏柔顺性。虽然它们拥有强大的体魄，但却不能柔顺地应对地球气候的变化，所以不幸灭亡。

那个时候，幸存下来的是人类。

冰河期一旦来临，海岸线便会迅速远离，陆上大部分地方都被寒冰覆盖。因此动植物锐减，对以采集狩猎动植物为食物的人类来说，无疑是遭受了巨大的打击。

有一种普遍的说法认为，人类在成为人类之前是在树上生活的，但因为冰河期的环境变化而开始了地上的生活，并开始用两条腿直立行走，从而形成了真正的人类。

人类住进洞窟，取得火种，用自己的智慧来保暖。

第二点是多样性。多样性对我的公司来说是绝对必要的。患上大企业病的时候，公司的全体员工会有同样的想法，会做同样的事情。

我公司的员工是具有多样性的，员工不管是男是女就算是同性恋也没问题，外国人也可以，如果有相同类型的两个人存在的话，业绩差的就会被炒鱿鱼。

我公司的部长和他的部下是类型非常相似的两个人。说好听点是好朋友，说得不好听就是温吞水的关系，无论做什么都互相赞同，意见永远一致，所以没有任何创造性。因此，我便将这两个人隔开了。

部长降职为课长，部下则选用个性强烈的。上司就会被个性强烈的部下打着屁股开始行动起来。如果这样也不能奏效的话，来年我就会请这个人离开了。

相似的类型聚集到一起，敷衍了事地工作的话当然轻松。轻松随意地到公司，悠闲地度过每一天，还拿着工资。如果是大型企业的话，也许这样混日子是被允许的，但中小企业就不可能了。所以说多样性是非常重要的。

第三点是相对优势，但在此之前应该首先认清楚自己的弱点。

不论怎么具有柔顺性，脆弱的东西就是脆弱。

不过，这个时候，自己只要比对手更占优势就行了。

在认清所有问题的基础上，灵活运用自己的强项，制定战略、战术，准备战斗。

简单地说，就是施展自己的长处。

比如说，做生意靠自己起家的人很少，大约占所有生意人的两成都不到。

即使是创业者，基本上也都是经营着继承自先辈的生意。

不过，因为外部环境的改变，如果继续重复着先辈做过的事情的话，这个生意大概就难以支撑了。

而且，因为是由没有吃过苦的人来继承生意，所以缺乏干劲儿。他们附上的多半是“因为价格不合适所以生意没做成”或者“质量现在有一项不合格”等如同辩解般的理由。

这种擅长辩解找借口的家伙，我会请他离开。

就我过去的经验而言，不善巧言狡辩的家伙绝对更有发展。

在遇到问题的时候，具有柔顺性的人不会仅凭想法轻易断言事情“就是这样”，他们会下工夫去研究，“不会是因为质量问题卖不出去吧？如果在销售方式上下点儿工夫的话，是不是能卖出去呢？”

现如今的时代，朝令夕改是大受欢迎的。“朝令夕改，再加把劲儿”，在公司里要鼓励这种行为。

“中村先生说的事情变来变去，我们都跟不上了。”有的人这么说。

所以我就说：“别说傻话了。如果拼命想办法思考问题的话，早上说的情况和晚上说的情况有出入，那不是很正常的吗？”

在这个瞬息万变的时代里，早上和晚上的交易条件会突然发生变化。

在早上，因为某个制造商能够提供稳定供给的条件而决定的事情，到了下午，如果那个厂家的立场改变，我们这边的战略当然也要随之调整。

◇ 树立自己能力以上的目标

要让整个组织衰败没落是很简单的事。“蠢材之间的合谋”，“聪明人之间的不和”，有这类现象的公司，都会以最短最快的速度土崩瓦解。

就算柔顺性、多样性和比较优势都具备了，如果净是个人活动四处奔忙的话，那就更接近个体经营店了。

我并不认为个体店不好，但其力量毕竟有限。因为我这个个体店就常有井底之蛙的想法，或常常遭人批判，或为了报复而对同事进行些多余的说教。

总之，由于封闭的环境相当空闲，所以不知不觉就会想对别人的行为说三道四。

解决这个问题的妙法只有一个。

全体员工都要树立自己能力以上的目标，大家忙起来吧!

不用说，这并不是看似忙碌的行为。

一旦为了提高自己而开始努力，就会发现净是些自己不懂的事情，必须立刻向好友、伙伴咨询，在限定的时间内解决完毕。同事也一样会向自己咨询，所以就形成了在忙碌中互动解决的氛围。

要托付人办什么事情的时候，如果托付的是看起来很有空的人，那就不要指望他能帮你解决。还是托付给忙碌的人，解决效率会更高一些，这也是从以前的经验中学习到的。

不同特质的人在一起合作建立的组织更富有活力。各自不同的专业领域和不同的居住地都是自然产生的，所以也会自然而然地形成互相尊敬和睦的环境。

互相支持解决问题，应该是大家共有的价值观。在团队中孤立地存在是无法实现自我价值的，所以工作伙伴之间的对话势必就要增多。

最重要的，就是人与人之间互相尊重的精神。

没有比“拥有不同特质的人共同合作”更具效果的办法了。决不能组建好像同类型的人群聚一样的团体组织。

要让整个组织衰败没落是很简单的事。“蠢材之间的合谋”，“聪明人之间的不和”，有这类现象的公司，都会以最短最快的速度土崩瓦解。

◇ 悄悄地，偷偷地，认认真真地

经历了4~5年暴涨的资源通货膨胀，在雷曼兄弟迷你债券事件之后，稀有金属价格在半年中也急剧暴跌。山越高谷也越深。

AMJ到去年为止的标语是“右手算盘，左手浪漫，背上是忍耐”。

今年开始，标语变成了“悄悄地，偷偷地，认认真真地”。

经历了4~5年暴涨的资源通货膨胀，在雷曼兄弟迷你债券事件之后，稀有金属价格在半年中也急剧暴跌。山越高谷也越深。

不过，中国和俄罗斯的资源国家主义者，以BRICs[1]为首的新兴国家对资源的需求高涨并不是一时性的，今后也将继续这种典范转移[2]。

并且，必定会再次引发资源的通货膨胀。

搞清楚这个时机和57种稀有金属的交易情况，我们现在就开始等待大决战时期的来临。

当然，混合动力车、锂电池等的询价目前也开始增加了。

我们还要确保俄罗斯的钨矿山和合作公司工厂的建设、替代元素的研究等，为了日本，今后我们愿尽自己的努力不断挑战下去。

[1] BRICs：“金砖四国”。指巴西、俄罗斯、印度及中国四个有希望在几十年内取代七国集团成为世界最大经济体的国家。这个简称来自这四个国家的英文国名开头首字母：B（Brazil，巴西），R（Russia，俄罗斯），I（India，印度），C（China，中国）。

[2] 典范转移：Paradigm shift，又称范式转移。

尾声　那么，就让我们迈出第一步吧！

每天都是决战！

结束了“放浪啃老族”之旅回国，26岁进入商社的时候，我问前辈们：“所谓的商社到底是什么呢？”

得到的回答是：“商社，就是高级游廊。”接着又说：“虽然对客人的要求要做到有求必应，但如果少了‘高级’也就没了意义。也就是说，商社是知识密集型产业，作为产业的组织者（领航人），要具有超一流的知识！”

商社职员都以能齐备“喝酒、赌博、买春”这三项“超一流能力”为目标，但我相信，只有充满人格魅力和智慧的好奇心的人才能成为商社的领导人。

我的情形是，不管怎样，以牺牲身体为前提，我总算是具备了这三点，“买春”就请让我回避吧，但“喝酒”可是我的强项。

如果能稍微控制一下酒量的话，我现在大概已经建起2~3栋房子了吧，我一边这么琢磨着一边喝着酒。

另外，关于“赌”的方面，我想工作本身就是冒险。

工作就是“每天都是决战”，是赌上身家性命来干的。

不过，现在回过头去看的话，可以说人格魅力和智慧的好奇心都正是拜“放浪啃老族”的经历所赐。

迈出第一步吧！何时开始都不晚！

为了得到一些东西，就必然要失去一些东西。

另外，如果失去了什么的话，也一定会得到什么。

我的情形是，为了做自己喜欢的事情，选择了“放浪啃老族”的生活。

绕了弯路，起点稍微迟了一些，但我获得了“同理心和热情”。

另外，我想我在做自己喜欢的事情的同时，也给家人和周围的朋友添了不少麻烦。特别是，我对妻子感到很抱歉。

尽管如此，我还是不能放弃自己的信仰和爱好，要把它继续下去。

所以，我自信地想向大家推荐“放浪啃老族”的生活方式。

就算你已经不年轻了，现在开始也绝对不晚。

与其坐在桌边思前想后，不如先行动起来吧！

希望你们无论如何能够迈出这最初的一步。

不放弃自己的信仰和爱好，不断坚持下去的话，无论什么事情都有可能实现，绝不放弃的话，你的人生就不会有失败。